Emily Hind

Entrevistas con quince
autoras mexicanas

Emily Hind

Entrevistas
con quince autoras mexicanas

Iberoamericana • Vervuert • 2003

Bibliographic information published by Die Deutsche Bibliothek

Die Deutsche Bibliothek lists this publication in the Deutsche Nationalbibliografie; detailed bibliographic data is available on the Internet at http://dnb.ddb.de.

© Iberoamericana, Madrid 2003
Amor de Dios, 1 - E-28014 Madrid

© Vervuert Verlag, Frankfurt am Main 2003
Wielandstr. 40 - D-60318 Frankfurt am Main

info@iberoamericanalibros.com
www.ibero-americana.net

    ISBN 84-8489-115-1 (Iberoamericana)
    ISBN 3-89354-999-4 (Vervuert)

Diseño de la cubierta: Michael Ackermann
Ilustración de la cubierta: María Izquierdo: *Alacena con dulces cubiertos* (1946), óleo sobre tela. Aurora Posadas Izquierdo otorgó los derechos de este cuadro.

Este libro está impreso íntegramente en papel ecológico blanqueado sin cloro.

Impreso en Alemania

*A mis padres, Steven y Annabeth
y a Humberto.*

Índice

Agradecimientos

Estas entrevistas se realizaron gracias al apoyo de la Universidad de Virginia. La beca Charles Gordon Reid me permitió iniciar este proyecto en el verano de 1999, cuando entrevisté a Berman, Boullosa, Domecq, Mastretta, Molina y Muñiz-Huberman. En el verano de 2000, la Universidad de Virginia volvió a apoyarme con otra beca que facilitó las entrevistas con Clavel, García Bergua y Pettersson. También durante ese verano, terminé el borrador de mi tesis doctoral acerca de las escritoras mexicanas y la historia. Los profesores Gustavo Pellón y Donald Shaw alentaron el proyecto y leyeron algunos borradores de las conversaciones. Mis padres, Steven y Annabeth Hind, contribuyeron generosamente para financiar un tercer verano en México. En 2001 entrevisté a tres autoras: Mansour, Nissán y Robles. Hablé con Puga y Pagano en enero de 2002. Desde el otoño de 2001 y desde su hogar en San Diego, Rivera Garza ha sostenido una plática conmigo por medio de la Red.

Les agradezco a las autoras por revisar sus entrevistas con tanto esmero.

Agradezco a la revista *Latin American Theatre Review*, al Centro de Estudios Latinoamericanos de la Universidad de Kansas y a George Woodward por concederme los derechos de reimprimir la entrevista con Sabina Berman, que originalmente apareció en la edición de la primavera de 2002 (33.2) en las páginas 133-139.

Agradezco a la revista *Hispamérica* y a su editor Saúl Sosnowski, quien editó la entrevista con Carmen Boullosa y me permite reproducirla en estas páginas. La primera edición salió en el número 90 (2002), páginas 49-60.

Agradezco a Aurora Posadas Izquierdo, quien autorizó el uso del cuadro de María Izquierdo reproducido en la portada.

Entrevista con Sabina Berman

Quisiera preguntarte acerca de los cambios en Muerte súbita. *Acabo de ver la obra y no se parece del todo a la obra publicada en* Berman. *Me pregunto el por qué de los cambios. Por ejemplo, ahora hay un beso entre los dos hombres.*

Claro, porque en ensayos de pronto dije «queda muy sutil el asunto que si fueron amantes o no». Y pensé que aumentaba la tensión dramática. Me di cuenta que dramáticamente funcionaban mejor las tensiones si se abría el juego. Son cosas que una aprende en ensayo. La diferencia entre escribir prosa y escribir teatro [es] hacer que no lo ves, no terminas de comprender la obra de teatro, no tu texto sino la obra de teatro.

Otros cambios incluyen el hecho de que Andrés echa a Gloria de la casa; en la versión publicada es Gloria quien se decide ir. Además, ahora Odiseo ha matado al viejito. El final también es distinto.

El final es distinto, sí, porque estrenamos de hecho con el final como está escrito. Entonces lo que entendía el público es que se quedaba muerto. Era muy poco satisfactorio porque lo que yo trataba de decir es que el Ángel de la Destrucción [el personaje Odiseo] es un ángel, o sea, que hay veces que destruir es importante para seguir. Igual que un capullo se destruye para convertirse en flor. Una situación social a veces se tiene que destruir para convertirse en otra cosa cuando ya está demasiado empantanada. Entonces se quedaba [Andrés] en el piso y al nivel de la emoción del público, funcionaba mejor que la gente pensara que estaba muerto. Los aplausos eran más altos, pero yo dije: «De lo que se trata no está sucediendo». Entonces agregamos esa manera en que se levanta Andrés poco a poco y se va recomponiendo. Cuando llega al quicio, se endereza y sale. Cuando yo le explicaba al actor lo que debía suceder, decía: «Si fuera cine, tendríamos una toma de ti desde arriba bajando las escaleras y cada vez nos iríamos más lejos para verte perder en la ciudad». Entonces, lo de la ciudad es un efecto pero no es esencial a la obra. Lo que sí era esencial es que Andrés se libera.

En una conversación anterior cuando visitaste Penn State [en 1995], otra crítica te estaba regañando por cambiar las obras después de publicarlas. ¿Te arrepientes de haber publicado una obra que sigue en proceso de desarrollo?

No. Yo de niña quería ser pintora. Mi mamá tiene una gran cultura sobre pintura y tenía muchos amigos pintores. A mí me encantaban los talleres de los pintores y los veía trabajar. Los pintores piensan en una obra en términos de serie. Van evolucionando un estilo y llegan a un momento climático y después eso se convierte en otro, pero piensan en su trabajo como una evolución progresiva. Entonces yo lo veo igual. Sé que si estuviera escribiendo una novela no podría, pero cada puesta en escena de hecho es otra puesta; es otra obra. Entonces, ¿por qué no puedo hacerlo? Los músicos en el siglo XIX también iban rescribiendo. Hacían una versión para piano y después una versión para cámara y después una versión para sinfónica.

En cuanto a esos cambios, ¿cómo ves la evolución de tu obra? ¿De El suplicio del placer *hasta* Molière *ves un proceso de desarrollo?*

Yo supongo que sí. *El suplicio del placer*, mi primera obra, era basada en sueños personales, pero pretendía ser presente absoluto. Después yo me fui hacia lo histórico, tomando mis tramas de lo histórico. Mientras estaba toda esa época de las obras históricas, decidí que lo que me faltaba era aprender a escribir historias. Decidí que quería escribir sobre el presente. No para capturar el presente, sino porque era una sensación como [que] uno está escribiendo algo único y mi circunstancia no la tenía otra persona a principios del siglo. Hay una emoción especial de trabajar con lo que no ha sido dicho. Es menos intelectual. Entonces *Muerte súbita* era mi primer intento y también fue mi primer intento de comedia. *Whatever that means,* porque mientras más escribo comedias, más me parece naturalismo. En *Molière* yo le decía a Antonio [Serrano], el director: «Esto que se podría interpretar como el teatro dentro del teatro, por favor no lo hagas porque para Molière la única diferencia entre la vida con público o sin público es que hay público». [Dado que a Molière no le importa la presencia del público, el metateatro crearía una distancia del público innecesaria en la representación de la obra de Berman.] La tragedia es el arte más estilizado, más lejano a la realidad. Para mí, la comedia es el género más cercano. Lo que implica nada más la distancia de un público que está viendo cuán pequeños somos finalmente.

¿Por qué te interesa trabajar con la historia en Entre Villa y una mujer desnuda, Krisis *y* Molière*?*

Tengo una época, mis primeros... no sé si siete años de escribir, en que mis tramas las tomaba de la historia, de fuentes bibliográficas. Esto, aunque suena muy pretencioso, se lo aprendí de Shakespeare. Fui a la casa de Shakespeare cuando era adolescente, Stratford on Avon, y me impresionó mucho el uso de Shakespeare de la historia. Allí están sus libros: Plutarco, los historiadores romanos, los historiadores ya renacentistas, incluso las novelas: *Otelo*. Y [me impresionó] cómo, con absoluta libertad, [Shakespeare] escribe una obra de teatro donde modifica las cosas con las necesidades de la obra de teatro y está escribiendo una metáfora sobre su presente. Las obras de Shakespeare no eran para pasar el rato nada más. Ahora para pasar muy intensamente [e intelectualmente] el rato, implica que Shakespeare las está escribiendo por una inquietud actual, ya sea de su país [o por otras razones] , sobre todo en sus primeras obras. Ya en sus últimas obras apareció más personal: como la vejez, [por ejemplo en] el *Rey Lear*. Entonces muchos años estuve meditando [y] en cierto momento [llegué a estar] muy consciente que quiero hacer eso: quiero buscar historias que tienen que ver con mi actualidad pero dejarlas en el pasado, en el «había una vez». Pero después de una cantidad de obras, sentí mucho la necesidad de dos cosas: la inmediatez de la comedia y la inmediatez de hablar de mi contexto.
Entonces [escribí] *Villa*, que según yo no es una obra histórica. Lo que estoy usando es un personaje histórico para mostrar el inconsciente colectivo de los personajes, porque el inconsciente colectivo de una sociedad —o el consciente colectivo— pero la mente colectiva es la historia de la misma sociedad. Sabía que quería escribir so-

bre el machismo y claro no es un proceso tan consciente. Es como meter las manos a la plastilina y empezar a moldear y entonces sucede. Tenía una historia tomada de una vecina muy amiga y resulta que su amante en la vida real es un historiador muy conocido en este país y en el extranjero. Yo lo había estudiado en la universidad y uno de sus principales libros que tuve yo que estudiar me gustó mucho. Incluía una gran exaltación de los caudillos de la revolución. Entonces, a mí me pareció fascinante que él pensara en la democracia con tal intensidad descartando el cincuenta por ciento de la población. Igual que ellos [los revolucionarios]. En México se hizo la revolución para la igualdad, la fraternidad de los mexicanos y siempre en el mismo campo de batalla las soldaderas eran discriminadas y violadas y a nadie le parecía contradictorio, a nadie. Todavía en la Revolución Rusa, sí hay una cierta conciencia de que esa igualdad incluye a las mujeres, que además nunca se concretizó totalmente. No ciertamente en las áreas de poder, pero sí en la vida cotidiana. En la Revolución Mexicana para nada. Eso era una metáfora extrema de la situación actual, donde hablamos de la democracia y todo el país se divide entre los que quieren la democracia y los que no la quieren. Los que la quieren siguen sin incluir al cincuenta por ciento de la población.

Hay un marco en Krisis *y* Entre Villa *y una mujer desnuda del presente en donde se inserta Benito Juárez o Pancho Villa, pero en* Molière *todo está en el pasado. ¿Por qué?*

Yo quería hablar sobre la comedia. Ya para entonces llevaba *Muerte súbita*; *Pancho Villa* llevaba dos años en cartelera; hicimos una película [de *Villa*] que nos tardó un año —entonces ya llevaba cuatro años— [luego hice] *Krisis*; levaba como seis años de realizar comedias. Entonces yo leía las críticas a la comedia y me empecé a dar cuenta que casualmente era la crítica que yo tenía inicialmente cuando empecé a escribir. Tenía la crítica inconsciente de que era vulgar y frívolo escribir sobre causar alegría en el público. Ésa es la verdad: la comedia libera, la tragedia oprime. Tiene sus razones de ser, la tragedia. Me llamaba mucho la atención y cada vez me daba más risa, me parecía más cómico eso de que cuando nos volvemos adultos despreciamos la alegría. Y de pronto, dije: «Es una cosa cultural, pero esto no es sólo de México, esto es por lo menos de todo Occidente». Entonces como *hobby* estuve leyendo mucho y me di cuenta que casi todos los filósofos están de acuerdo que es más prestigioso el sufrimiento. Entonces dije: «Es ya una complicidad universal». Siempre andaba buscando la historia en que concretizar esto que era parte de mi vivencia de todos estos años. Me tardó más tiempo [del] que yo hubiera querido decidirme escribir sobre Molière. Esperaba poderme encontrar una anécdota mexicana. Es muy peligroso en México escribir sobre un personaje no-mexicano. Sin embargo, era irresistible porque la historia de Molière es tan hermosa... La misma vida de Molière es una ejemplificación compleja sobre el tema del erotismo y del instinto a muerte en nuestra civilización. Molière, si lo lees, habla de eso directamente. Se queja amargamente de por qué es tan difícil ser feliz y de por qué es despreciable ser feliz, por qué el contexto no protege esa felicidad sino que lo complica.

En Krisis *hay una mezcla de cine y teatro, por el video al principio y por el final del tercer acto cuando caminan en cámara lenta. También en* El árbol de humo *[y en* Molière*], se repite el diálogo. ¿Es consciente esa mezcla de técnicas cinematográficas con las teatrales?*

A mí sí, me influyó mucho hacer cine. Cuando hice cine [la película *Villa*] me di cuenta que estamos desperdiciando muchos recursos exclusivos del teatro, [por ejemplo] los apartes [y otras] cosas que no puedes hacer en cinema y que lo abstracto del espacio escénico nos permite hacer hasta más de lo que puedes hacer en cine. Me eduqué en las obras más sencillas de Carballido, de Leñero, de Beckett, en el teatro minimalista y me encanta, pero soy de otra generación. Entonces, más bien mi intención es otra. No quiero ser minimalista. Fue una decisión incluso en esa versión de *Muerte súbita*, que vamos a usar toda la gama de recursos. Es el renuncio al minimalismo y al naturalismo. Usar todos los recursos no es tan sencillo de realizar. Si tú ves [en *Muerte súbita*] no hay un solo recurso que implique escenografía; es pura actuación. Sólo actuación, o sea, nunca ocupo algo que tenga que ver fuera de la actuación excepto oscuros, que se podrían omitir; bastaría que los actores hicieran como Brecht, nada más cambio de posición en escena y ya. Yo creo que la tecnología más admirable, más asombrosa es el intelecto. Va la gente, se sienta y se apaga la luz y está de acuerdo que vamos a jugar intelectualmente. Aparecen unos señores que obviamente están parados allí y el intelecto acuerda hacer pacto de creer que van a estar en otro lugar. Es maravilloso: el actor se queda quieto, mueve así y dice:

«Cinco años más tarde» y *son* cinco años más tarde. Yo quisiera hacer cada vez teatro más dependiente nada más del intelecto, del juego intelectual.

¿Por qué escribes teatro para niños, por ejemplo El árbol de humo *y* El caracol y el colibrí?

Porque me gustan los niños y creo que es un terreno del teatro muy riesgoso. Hay algo que le aprendí a Molière: Molière cuando tenía ya ensayada su obra, llamaba a los hijos de todos los miembros de su compañía. Entonces dejaba que los niños vieran la obra. Si los niños entendían de lo que se trataba, pero no que entendían cada palabra, Molière sabía que la obra iba a ir muy bien. O sea, si está expresada en drama, porque «drama» quiere decir acción, [la obra irá bien]. Por ejemplo, la escena central de *Tartufo* es clarísima. Está un hombre, besa a su mujer, se nota que es su esposa, se mete debajo de la mesa. La mesa, diría un sicoanalista, es un desplazamiento de la cama, aunque quién sabe dónde sea más importante el matrimonio: a través de la mesa o a través de la cama, pero es un símbolo del matrimonio. Se mete debajo de la mesa y llega el otro que empieza a seducirla y él está oyendo. Es una síntesis perfecta de la obra, y claro los niños entienden. Entienden que los adultos dicen cosas complicadísimas, pero es clarísimo lo que está pasando. Hay un robo allí. Por eso hago teatro para los niños. Allí aprendí a esforzarme para lograr eso.

Es un detalle, pero los personajes toman mucha medicina, droga y alcohol en las obras. ¿Es una manera de expresar que la vida es dolorosa? Si no es aspirina es...

...Prozac. Pues, es mi época. Yo veo que todo el mundo se mete una cantidad de cosas. Yo creo que estamos en la época del narcisismo y que la gente está hiper consciente de cómo se siente. Si tú ves las obras de Shakespeare, sus parámetros para enfrentar la realidad son otros. Ahora, si damos un salto a algo que no seamos nosotros, es un nuestro trabajo. Porque en la vida cotidiana, la gente sigue hablando del yo. La religión en la que yo me crié fue el psicoanálisis. Mi madre es sicoanalista. Entonces yo le digo a mi madre: «Oye, mamá, es que debes estar harta del yo». Y me dice: «Por supuesto que estoy harta de yo. Es el personaje más obsesivo del planeta Tierra, ¿no?».

Cuando hablábamos en 1995, te pregunté si tenías miedo que por la devaluación la gente ya no fuera al teatro. Y tú me dijiste que la gente siempre iría al teatro. ¿Por qué tienes esa confianza?

Creo que hay suficiente gente que piensa que el teatro no es un artículo de lujo. Para eso tiene que ser gente que está por encima de los niveles de supervivencia, pero esto basta. A partir de entonces el teatro puede ser imprescindible. Y hay gente así. Yo soy alguien así.

¿Hay autoras que te influyeron? ¿Mujeres mexicanas?

Rosario Castellanos. Me deslumbró ver, cuando tenía doce años, *El eterno femenino*. Ver a las mujeres allí arriba, el desparpajo de Rosario. Su tremenda frescura para hablar de lo femenino desde lo femenino. Me influyó muchísimo. Si no hubiera sido escritora yo, de todos modos me hubiera influido. Hay estas autoras que te cambian la vida. Elena Poniatowska también es para mí una autora —autora o autor— imprescindible. Elena Poniatowska ha sido para mí, y creo que para la gran parte de las... ni siquiera diría escritoras, para las mujeres de este país, ha sido un modelo moral en cuanto a su arte y su presencia en esta sociedad que en ella no están separados. En Elena la lees o la oyes hablar, y podría estar en su cocina y en su estudio o frente a mil personas; no hay una doblez. Eso para mí es una de las cosas que las mujeres podemos agregar a la cultura. Llevar lo privado a lo público, lo público a lo privado, o sea, crear un continuo. Cuando conocía a Elena, habré tenido yo veinte años. Fui a llevarle mis poemas, y que me haya recibido Elena es ya increíble. Me recibió en su casa y le iba leyendo los poemas y ella iba tendiendo las camas, yendo a la cocina a revisar la cena, checando a sus hijos, y así fue la reunión. Elena no interrumpía su intelecto para hacer labores de su hogar. No había división y no tenía la menor vergüenza de ser un ama de casa. Para mí fue un modelo su actitud. Claro, Elena nació princesa. [Se ríe.] Siendo princesa es mucho más fácil no tener vergüenza. Esther Seligson es también un modelo importante. Me creo privilegiada de, si no de ser alumna de Esther, sí de estar en mi adolescencia muy cerca de Esther. Tenía una fijación con Esther; la seguía porque era así como un modelo viviendo de lo que yo quería hacer. Yo le oí decir cosas que eran cruciales para mí. Por ejemplo, Esther es judía. Yo soy judía. Le oí responder a un crítico israelí que se quejaba de que ella estuviera en México y no emigrara a Israel, porque Esther pasaba en aquel entonces la mitad del año en Israel. Y se quejaba de que Esther, teniendo un hebreo completamente fluido, escribía en español. Ella dijo: «Sí, pero es que Dios me puso aquí para volver del castellano una lengua sagrada». Me acuerdo de esta frase y además se la creo.

Para concluir, ¿cuáles son tus proyectos futuros?

Estoy trabajando en una adaptación de *La Ronda* de Arthur Schitzer, llamada *65 contratos para hacer el amor*. También contemplo una adaptación para cine de *Muerte súbita*, mi obra teatral. En este mes [de enero de 1999] presentamos al público *Mujeres y poder*, un libro co-escrito con Denise Maerker sobre la relación novedosa y todavía ardua entre las mujeres y el poder.

OBRAS DE SABINA BERMAN

POESÍA

Premio de Poesía Pluridimensional Juguete, 1974 por *Mariposa*.
Premio de Poesía Pluridimensional Máscara, 1975 por *Ocho cuartos igual a dos humores*.
Poemas de agua. México D. F.: Shanik, 1986.
Lunas. México D. F.: Editorial Katún, 1988.

CUENTO

Premio de Cuento Latinoamericano convocado por el Año Internacional de la Mujer.

NOVELA

La bobe. México D. F.: Editorial Planeta, 1990.
Un grano de arroz. México D. F.: Seix Barral, 1994.
Amante de lo ajeno. México D. F.: Océano, 1997.

GUIÓN

Tía Alejandra. Premio Ariel de la Academia de Ciencias y Artes Gráficas, 1974.

TEATRO

El jardín de las delicias [El suplicio del placer]. México D. F.: Editores Mexicanos Unidos, 1976. [CONACULTA, 1994.] [*El suplicio del placer*. México D. F.: Aguascalientes, Ags: Coordinación Nacional de Descentralización; Instituto Cultural de Aguascalientes, 1994.]
Bill [Yankee]. Premio de Teatro Instituto Nacional de Bellas Artes, 1979.
Un buen trabajador de piolet [Rompecabezas]. Premio de Teatro Instituto Nacional de Bellas Artes, 1981. [*Rompecabezas*. México D. F.: Editorial Oasis, 1983.]
Anatema [Herejía]. Premio de Teatro Instituto Nacional de Bellas Artes, 1983. Montada en 1984.

*En el nombre de dios [Los Carbajales]. Teatro: Ciudad de México en
la Colonia.* Vol. II. México D. F.: Escenología, 1997, 153-241.
Montada en 1996.

*Teatro de Sabina Berman [Yankee; Rompecabezas; Herejía; Águila
o sol; El suplicio del placer; Esta no es una obra de teatro (Un
actor se repara)].* México D. F.: Editores Mexicanos Unidos,
1985.

Muerte súbita: Obra de teatro original. México D. F.: Editorial
Katún, 1988. Montada en 1987.

La grieta. México D. F.: ISSSTE, 1999. Escrita en 1987. Montada en
1997.

La guerra culta. Montada en 1991.

Los ladrones del tiempo. [Basada en la novela *Momo* de Michael
Ende.] Montada en 1991.

Entre Villa y una mujer desnuda: Obra en cuatro actos. México D.
F.: SOGEM, 1992. [México D. F.: Ediciones El Milagro, 1994.]
Montada en 1993.

Krisis. Tramoya: Cuaderno de teatro. 52 julio/septiembre 1997, 51-
100.

Molière. México D. F.: Plaza y Janés, 2000. Montada en 1999.

Feliz nuevo siglo Doktor Freud. Tramoya: Cuaderno de teatro. 58
julio/septiembre 2001, 5-43. Montada en 2000.

TEATRO INFANTIL Y JUVENIL

La maravillosa historia del niño Pingüica. Premio de Teatro Instituto
Nacional de Bellas Artes, 1982.

El árbol de humo. México D. F.: ECO: CONACULTA: Corunda, 1994.
Montada en 1993.

Caracol y colibrí. México D. F.: ECO: CONACULTA, 1996. Montada
en 1990.

ENSAYO

Volar: la tecnología Maharishi del campo unificado. Sabina Berman
y José Gordon. México D. F.: Editorial Posada, 1987.

Berman, Sabina y José Gordon. *Volar: Aprendiendo a actuar desde
la forma más simple de la conciencia.* México D. F.: Editorial
Planeta, 1992.

EDICIONES DE LIBROS

Berman, Sabina y Denise Maerker. *Mujeres y poder*. México D. F.:
Hoja Casa Editorial, 2000.

ANTOLOGÍA DE CORTOMETRAJES

Cortometrajes. México D. F.: Ediciones El Milagro: Instituto
Mexicano de Cinematografía, 1997.

PELÍCULAS

Entre Pancho Villa y una mujer desnuda. [Televicine.] Dirección,
Sabina Berman e Isabelle Tardan, 1995.

Entrevista con Carmen Boullosa

La mezcla de géneros parece un rasgo propio de la posmodernidad. ¿Qué ganas al mezclar los géneros, como la novela histórica, el cuento de hadas, la ciencia ficción, la fantasía, o quizá, el diálogo de una novela realista?

Los géneros se hicieron más sólidos e intransitables en el siglo XIX. En nuestros clásicos del siglo XVI y XVII hay mucho mayor flexibilidad hacia los géneros. El *Quijote* contiene teatro, cuentos, poemas, metaficción, humor, seriedad; maneja no solamente distintos géneros, sino distintos ánimos, distintos temperamentos y trata de incorporarlos todos dentro de una novela que es, a su vez, pastiche y parodia, la novela de caballerías. O la poesía de Quevedo —siempre vuelvo a estos autores— que habla de cosas muy serias, al tiempo que se burla descaradamente de la muerte. Es poesía burlesca y moral. Mezcla la risa con el dolor, el amor, la sátira y hace un viraje súbito hacia distintos temperamentos en un solo texto. Digamos que va de la farsa a la comedia a la tragedia sin cambiar el poema, y también nos cuenta una trama. Yo reclamo una tradición en que el rigor no se aplica a no poder cambiar de género, sino a dialogar continuamente con las formas, las convenciones, los temas y la lengua literaria de nuestros ancestros. Para mí, saltar de género es espontáneo, no es algo que me imponga o que busque voluntariamente. Me cuesta trabajo pensar en una forma decimonónica, en algo más estricto o académico. He querido hacerlo, pero no para respetar los géneros, sino para trasgredirlos o traspasar sus fronteras. Por ejemplo con *El médico de los piratas*, una novela enteramente narrativa, totalmente lineal y yo pensaría que muy visual; es un juego con el género cinematográfico.

Y dentro de ese juego con la novela histórica, ¿qué obtienes al usar la historia?

En mis primeras novelas y poemas no manejaba directa y abiertamente material histórico pero, publicada mi segunda novela comencé a buscar, no otras obsesiones —porque las obsesiones de mis novelas siempre son las mismas—, sino otros escenarios para que ocurrieran las novelas; no me gustaba la idea de repetirme. No es que yo quisiera por capricho hacer cada libro diferente. Quería, y quiero, tocar cada texto con el respeto con que se toca un fenómeno único. Cada libro tiene que ser, único, auténtico. Reconozco que soy una autora con obsesiones muy focalizadas, y en un sentido muy limitadas, y yo no quería volver una y otra vez a lo mismo, estancándome.

En mi primera novela, los protagonistas fueron niños; en la segunda también; en la tercera —que no publiqué en ese momento— eran niños otra vez. Pero veía que en ese mundo de niños había conflictos que se podrían desarrollar en otros escenarios y empecé a fantasear qué pasaría con el texto si esta situación o aquella otra se desenvolviera en el momento de la Conquista o si esta situación sucediera en el momento del siglo XVII. Lo que buscaba salía del centro de mis propias obsesiones y necesitaba otro escenario para echarlas a andar y para que la misma obsesión tuviera espacio de crecimiento y que no me quedara yo resistiendo otras circunstancias con los mismos actores, que eran niños de una clase social y en un país y en una misma situación familiar. Quería romper con ese cerco anecdótico —por llamarlo de algún modo—, y vi espacio en diferentes escenarios históricos, pero al pasar de niños a personajes adultos, no deserté del mundo imaginario, de la fantasía. Esto se ve muy claro en *Duerme*, aparece también en *Cielos de la Tierra* en el personaje del futuro. *Treinta años* también, diré que es prácticamente toda cuento de hadas al mismo tiempo que historia y uno de los personajes regresa a la infancia...

Empecé a trabajar con escenarios históricos porque no me quería repetir, porque buscaba otras riquezas, otros retos formales, por una curiosidad intelectual, por una curiosidad política. Mis escenarios históricos todos tienen que ver directamente con México, incluso en las novelas de piratas. Me inquieta, y me parece completamente fantástico el panorama de la realidad mexicana contemporánea. No tiene explicación en su propio presente; solamente la tiene en el pasado. En ese sentido los mexicanos no somos completamente occidentales. Tenemos una tendencia a creer que el tiempo es circular. Esto crea una fatalidad para nuestra actualidad política, económica y social. Si sentí la necesidad de regresar al pasado y marcar la diferencia con el pasado fue también por una necesidad política, para intentar entender algo de las apremiantes presiones de la vida política mexicana. Digamos que sentí una necesidad de marcar distancias y de revisar el pasado.

¿Si el pasado explica el presente, entonces para ti realmente es parte de la misma cosa?

Incluso cuando uno trabaja el presente, como autor, o como autor mexicano, no debe tomarlo como una situación consolidada y sagrada sino como una situación sujeta a revisión y como si fuera el pasado que, aunque esté muy documentado, también está siempre sujeto a revisión. Y ese espacio donde todo se pone en entredicho, es el espacio previo a la escritura literaria. En ese sentido, trabajar con algo histórico o con algo presente, si no es idéntico, es equivalente. Honestamente lo digo; a mí no me parece más fácil que una trama suceda en la época actual, porque un texto literario nunca es idéntico a la realidad y si uno está describiendo la sala de su casa, es imprescindible tener distancia para no creer que lo que uno está viendo es lo que ya está dentro del texto.

En muchas de tus novelas está ligado ese tema histórico con la preocupación ecologista del México de hoy...

Es un interés que yo creo que tenemos todos los ciudadanos en esta época. Es una tragedia ecológica lo que está ocurriendo en el planeta y aunque lo parezca, desgraciadamente no es fantástico. Y hay poquísima conciencia ecológica en México porque seguimos creyendo que somos un país joven, que el futuro va a ser nuestro, que aquí no ha llegado la modernidad. Todos son pamplinas. La modernidad ya llegó y de qué manera. Llegó en los envases de plástico, en las industrias contaminantes, en las montañas de pañales desechables, en el agua mercurizada o envenenada de otra manera. No somos un país nuevo, somos un país muy viejo, y un país inserto en un mundo altamente industrializado, vecinos de un primer mundo que cuida con mucha mayor cautela sus recursos. No es nuestro único problema, pero sí es bastante grande. Y lo pongo porque no lo puedo esquivar. Me parece inevitable pensar en eso.

Y muchas veces me parece que lo ecológico está vinculado con lo indígena. Por ejemplo, en Llanto *vemos que Moctezuma está asombrado de cómo ha cambiado la ciudad; o en* Duerme, *donde el agua de los indígenas era pura y con la llegada de los españoles ya está impura.*

Hay una relación obvia, o muy obvia para alguien que, como yo, sea habitante de este valle, porque este valle, que era uno de los más hermosos de la Tierra con su sistema de lagos salados y dulces, y sus ríos, sus bosques —no había campos de cultivo—, tenía un orden ecológico precario; el islote donde estaba la ciudad era en parte artificial, porque el manejo del agua era complicado y cultivado, por explicarlo así. Pero esa misma precariedad hacía que sus habitantes fueran muy conscientes de cómo debían conservarlo y cuidarlo. Había respeto por las fuerzas de la naturaleza, un respeto a las semillas, a los vientos, al fuego, al agua, porque eran dioses. En cambio, en la cultura nuestra, donde solamente reina un dios y es un dios arbitrario que no tiene que ver con lo natural —aunque sea el creador de todas las cosas— la relación del hombre con su naturaleza se vuelve violencia, destrucción, enojo, y, a veces, hasta catarsis. Lo que ha ocurrido con este valle es verdaderamente bestial; no queda nada de su sistema lacustre y fluvial, casi nada de los bosques. Nuestra memoria acerca de lo que fue la compleja belleza del valle es muy fresca. Todos sabemos que hubo el lago, hubo ríos, bosques. Y abrimos los ojos y no queda absolutamente nada de eso.

¿Sientes que vivimos en una época apocalíptica?

No sé. Intelectualmente no estoy tan segura. Lo que pasa es que sensiblemente es tan difícil y tan frágil la situación mexicana que al contrario de los que piensan que somos el país del futuro, yo pienso que no lo tenemos, que prácticamente no hay salida para México. Nosotros vivimos un Apocalipsis cotidiano; estamos acabando la vida, nuestros recursos naturales. Y también un poco por eso es una obsesión y una reiteración en mis textos, porque lo digo y la gente voltea y me dice: «Ay Carmen, ¡qué exagerada!». Pero es que no es exageración, es cierto. Y no hay una conciencia colectiva de eso.

A pesar del temor de lo que puede pasar en el D. F., sigues viviendo aquí y veo un amor por la ciudad en términos de su geografía. ¿Te gusta la Ciudad de México?

Me gusta muchísimo. Veo todos los problemas, no los esquivo, pero veo la vitalidad de la gente, la belleza que todavía resta en la ciudad y lo apasionante de su realidad... Es una ciudad llena de cosas extraordinarias. Ahora bien, sí me gusta salir de la ciudad. No por miedo, no conozco el miedo, en eso sí soy como mexicana. Pero, sí en el sentido en el que muchas veces necesito distancia de México. Es demasiada la energía de aquí, demasiado el ruido, demasiada la febrilidad, demasiada la actividad y salir me hace bien. Lo procuro, y lo hago a menudo.

Junto con esta mezcla de géneros que es muy típica de la novela reciente, también hay una fuerte meditación del proceso de escribir, una preocupación con la metaficción. Por ejemplo en Cielos de la Tierra *vemos el proceso de escribir de tres personas distintas y en* Llanto *también vemos que hay una autora dentro de la narración tratando de decidir qué va a escribir. ¿Qué te da al describir ese proceso de escritura dentro de una novela?*

Yo creo que eso sí tiene que ver con mi generación y que es una preocupación muy contemporánea. Cuando yo era adolescente leíamos el *nouveau-roman* francés, y leíamos muchos textos sobre qué era el proceso de escritura y leíamos a Salvador Elizondo. No me puedo imaginar a un escritor al que no le apasionen hoy los entresijos formales, que no le inquiete el misterio de la escritura. Lo lógico sería que todos hiciéramos reportajes, porque la realidad es tan compleja, tan no-dicha, tan no-verbalizada, que es casi irresistible para un autor no practicar dicho género. Entonces, sí es una obsesión propia de mi generación. Es más, realmente es absurdo ser escritor mexicano, si hay tan pocos lectores, si hay tan poco respeto ante el texto literario. Pero para apremiar la locura del gremio, por el otro lado, un escritor es una personalidad pública tan importante que es complemente desorbitada su importancia en relación con la cantidad de lectores que tiene; es casi una importancia mágica o sagrada que no tiene que ver con la realidad. Entonces, no pensar en qué es la escritura me sería imposible.

Otro tema en tus novelas son las mujeres que no quieren ser mujer o que ponen esa feminidad a una distancia. Por ejemplo, en Antes *la hija se muere antes de ponerse a ser mujer; en* Llanto *hay tres mujeres en el Parque Hundido que están borrachas o crudas, y dicen que eso sería normal si fueran muchachos. O en* Duerme *la*

protagonista quiere ser pirata y se viste como hombre, y en Cielos
está la protagonista en medio —en términos cronológicos— que
quiere aprender latín para ser hombre y cura. Y también la última
protagonista, cronológicamente, de esa novela, se llama Lear, ¿no?
Es un nombre masculino. ¿Por qué esa repetición de mujeres que tie-
nen dificultad al ser mujer?

Agrego que, en *Son vacas, somos puercos*, mi novela de piratas, las mujeres están prohibidas en la comunidad, y quien está atrás
del narrador, escribiendo para él, es una mujer. Te aclaro que a ésa
que está atrás de las historias, a mí, le gusta mucho ser mujer, prefiero ser mujer que ser hombre, si es válido hacer esta elección del
género. Para mí ha sido una ventaja ser mujer. Una ventaja cuando decidí que quería ser escritora porque hubiera sido una violencia en mi clase social que un varón dijera que quería ser escritor,
hubiera sido considerada una tontería económica, una aberración.
El trato a las mujeres en México sigue siendo completamente desigual, en el mundo laboral, en el mundo práctico, en el mundo doméstico, en el mundo cotidiano, en *todo*. Exageraré un poco si digo
que la mujer no es precisamente un humano, que sigue siendo un
semi-humano, pero sólo un poco. A pesar de lo que afirmo, la situación no me obliga, ni a nadie, a escribir sólo de mujeres. Sería
un radicalismo equivocado. Hay otras escritoras que lo que han hecho es escribir solamente de mujeres y hacer una literatura casi
hembrista, para mujeres con títulos de mujeres. En *Treinta años* todos los personajes son mujeres: la abuela, la madre, la hija. Me im-
puse como una obligación trabajar con mujeres, porque a mí me
gusta ser mujer y pienso que igualmente difícil la pasan los hombres en esta cultura, si no es que la pasan peor. No tienen derecho
a un mundo afectivo completo y maduro. Corporalmente tampoco
tienen derecho al erotismo. No tienen derecho a muchas cosas los
hombres; es un mundo totalmente desigual. Y es muy extraño porque de verdad en apariencia sí somos como una sociedad más liberada, pero en la práctica es una sociedad todavía enormemente
sexista. Y entonces, de verdad, he practicado un feminismo invo-
luntario a la manera de Juana Inés, que todo el tiempo juega a ponerse en voz de hombre y hablar de hombre y luego brincar al lado
de mujer e ir y venir entre los dos géneros con la misma fluidez,
demostrando que no entiende por qué demonios si hombres y mujeres tienen las mismas posibilidades intelectuales y el mismo derecho al entendimiento, ellas no tienen derecho a todo lo demás.

Las mujeres juegan con su género, cuestionando el lugar a que ser mujeres las condiciona. Juegan con él, se despojan de él, y por hacerlo, como en Lope de Vega, demuestran que son iguales. Igual el esclavo al monarca, si al cambiar de ropas se confunden a los ojos de los demás el uno con el otro; igual el hombre a la mujer; el moro al cristiano. Estos travestismos, estos cambios de ropa y género, responden en parte a esto. En parte, como aclaro. Lo que no hay es un repudio a ser mujer, o no creo que lo haya. El juego trata de otra cosa.

Hablando de juegos, me fijo que en la literatura que escribes hay muchos espacios que sólo se podrían encontrar dentro de la literatura. Por ejemplo, el final de Cielos de la Tierra, *donde deciden vivir en la literatura, o los mundos abstractos en* Mejor desaparece. *El mundo del último personaje en* Cielos de la Tierra, Lear, *me parece un poco abstracto. O ese mundo no-verbal en* Antes... *¿Tienes conciencia de crear algo que sólo puede existir dentro de la literatura?*

Bueno, yo creo que nos pasa a todos los que tenemos algo de poetas, porque tú hablas de un mundo que es literario a la vez que hablas de un mundo de silencio. Lo que percibimos los poetas es el territorio del silencio, lo que no se puede nombrar, y los seres humanos tenemos una buena parte de nuestro universo cultural en ese mundo de silencio. Sí me gusta trabajar con él; es mi voluntad trabajar con el silencio. Intento recuperarlo en la palabra. Y en ese espacio de silencio están muchas emociones inexplicables, pero también otras que son áreas de la razón —en teoría la razón habita en un territorio todo verbal, pero no es así—, territorios en que difícilmente un entendimiento cabe en palabras, pero de alguna manera, oliendo a silencio cabe; hay erotismo —también está allí— y el temor, la conciencia de la muerte. Es amplio lo que pertenece a ese espacio de lo no verbal. Y sí, me gusta trabajar con él, honestamente. Es un territorio que sólo puede ser literario, que no pertenece a lo que no es literario, que no cabe en otro ordenamiento, que no tiene cabida en el mundo visual, en el mundo explicativo, en el mundo donde las palabras o los ojos lo rigen todo.

Mi última pregunta sobre los temas comunes en las obras que has escrito es sobre el sentido de humor. A pesar de toda esa conversación sobre cosas muy serias, hay siempre algo chistoso, o notas brillantes de humor, en lo que escribes. ¿Es necesario para ti? ¿Podrías escribir un libro totalmente serio?

No busco voluntariamente el humor, pero la risa es inseparable del silencio, o es uno de los muros que aparecen donde silencio y palabra se tocan. No lo busco, pero viene. A veces tengo libros menos llenos de humor, a veces más —eso sí, no lo puedo controlar; la risa no se busca: la risa aparece—. Mis obras de teatro eran enteramente de humor, o eran voluntariamente de humor —excepto *Mi versión de los hechos*, que nunca se representó— y mi impresión es que frente al público, mi humor era muy áspero, muy irritante; un humor que le ponía los pelos en punta a la gente. Quería solamente hacer reír a la gente, pero venía contenido en aspereza. Era un humor infantil, automático —que aparecía, como en los niños, ante el misterio—, que estallaba ante lo inexplicable. Incluso ante el dolor, la risa aparece como una salida mágica.

Siempre me chocó la última línea de Antes; *dice que el médico no pudo explicar la muerte, y a mí me parece que esa protagonista no muere. No puedo aceptar que esa protagonista muera. Creo que la sangre que le sale es la menstruación, más que algo que la va a matar. Y además porque la voz que narra la novela es una voz ya madura. Entonces parece que se murió de niña pero que continuó siendo adolescente o se convirtió en mujer después de que terminó la acción de la novela, y quizá está viendo su vida ya desde la perspectiva de mujer.*

Al principio del libro, la voz narrativa dice que ha pasado mucho tiempo. Está narrada años después de los hechos. Una explicación intelectual es que esa historia sí pasó hace treinta años o hace muchos años y la está narrando muchos años después, en un estado de semi-muerte, porque la voz nunca pudo reponerse de la pérdida de la infancia. Murió en la pérdida de la infancia. Mucha gente muere cuando deja de ser niño. Claro, no muere prácticamente. Su cuerpo crece y sigue en vida, pero ha muerto una buena parte de su identidad porque no es tan fácil estar vivo y ser consciente de que uno tiene distintas etapas. Vivirlas cada una con plenitud implica total conciencia, implica una entereza, una fuerza espiritual. No es algo gratuito, no hay nada gratuito en la vida de un hombre si no tiene conciencia —o de una mujer—. Mi impresión es que ella es enteramente consciente de su mundo de infancia, pero ha matado su conciencia en el mundo de la adultez. Y lo único que le queda es la memoria de la infancia. Y está como atrapada, no tiene salida; no tiene cuerpo para entrar en contacto con la realidad.

Ésa es mi explicación. Y la verdad yo me siento como con remordimiento con esa narradora; tengo el cargo de conciencia de que el personaje que escribe se queda siempre atrapado en esas páginas, viviéndolas eternamente. La condené a algo atroz porque la condené no sólo a no ser esa niña —que de por sí era difícil ser esa niña— sino a ver el tormento de esa niña a la que iban a llegar a buscar para llevársela a la nada, a la pérdida de su cuerpo. Y a no tener impresiones frescas de nada; solamente tiene el recuerdo de lo que ocurrió antes y que obsesivamente la vuelve a visitar. Por eso nos lo cuenta como una pesadilla, es una pesadilla. Hay pedacitos en que la pesadilla se rompe porque todavía ella siente fascinación por lo que ocurrió, pero lo vive con dolor porque no vive nada nuevo, porque su vida se interrumpió con la menarquía, allí se acabó su vida. Y después de eso se quedó en la nada. Ahora, si uno atendiera a las leyes culturales católico-mexicanas fielmente, eso es el cuerpo adulto de una mujer. Porque en la adultez, el hombre ingresa a la responsabilidad económica, al trabajo y a la sexualidad, y una mujer siempre tiene que ser una niña en nuestra cultura. Una mujer no tiene derecho a tomar sus propias decisiones, a mantenerse ella sola, a tener su propio cuerpo y gobernarlo. Siempre es esa niña que perdió su identidad en la menarquía frente a un hombre que, llegado el momento, crece. Las mujeres crecen literalmente, tienen hijos, pero si uno atendiera al mito mariano en la interpretación mexicana, las mujeres no tienen cuerpo; por lo tanto no tiene vida adulta, no tienen adultez. Ése es un privilegio para varones, si se obedece el mundo estricto de la mitología mariana.

Hablando de esos símbolos católicos, al final, cuando tiene su corazón en la mano, también me hace pensar en el arte de Frida Kahlo —también la pintura que la niña hace con los clavitos en el cuerpo—. ¿Estabas pensando en Frida Kahlo cuando lo escribiste?

Me imagino que sí. Te digo que me imagino que sí porque a Frida la vi muchísimo en mis primeros años de adolescente e incluso mi primera obra de teatro fue un homenaje a ella, antes de que fuera un icono internacional. Y claro, me imagino que sí, pero en realidad «Clavitos» —no pensé en «clavitos» de Frida Kahlo. Y vi ese cuadro que describo. Lo vi en una iglesia de Puebla en un mosaiquito pegado en una pared. Me impresionó tanto porque era un niñito con clavitos, y no tenía nada alrededor, no había ninguna explicación ni nada. Era una imagen allí puesta y era tanta crueldad que la anoté, la describí en palabras, la guardé y la usé en la novela. Pero de eso vivió también Frida. Su «clavitos» lo hizo de su experiencia personal, pero también de ver esas imágenes tan fríamente crueles en la iconografía popular.

¿Leíste La insólita historia de la Santa de Cabora *de Brianda Domecq antes de escribir* La Milagrosa? *Porque...*

No, fíjate que lo leí bastante después porque alguien me hizo esta mención que tú me haces. Pero son personajes muy diferentes y son técnicas narrativas totalmente distintas. La leí porque alguien me dijo: «Oye, ¿ya la leíste? Léela, y te va a interesar». Y sí, me interesó el personaje. No me gusta mucho esta manera de narrar, pero es un problema personal. Entre novelistas con los años nos vamos haciendo menos flexibles en la lectura: quieres que la gente narre como tú quisieras que narraran. Pero el personaje me gustó muchísimo.

Cielos de la Tierra *es la novela más larga que has escrito. ¿Por qué una novela larga después de tantas novelas cortas?*

De hecho era mucho más larga y luego la tuve que cortar bastante. Pero la primera novela que escribí, aunque no publiqué —no la acabé— era una novela larguísima. Cuando pedí la beca del Centro Mexicano de Escritores en 1980 para escribir una novela que después terminó siendo *Mejor desaparece*, llevaba yo... no sé, mil páginas escritas —una novela muy larga—. No sé, no sé. En realidad, no; en un mundo ideal me gustaría escribir novelas largas porque hay un espacio; escribir siempre es muy doloroso. Pero hay un espacio en la escritura en donde uno vive en un colchón delicioso, una especie de nirvana y sólo dura lo que dura ese largo del texto. No es cuando todavía estás inventando, ni cuando ya estás corrigiendo; es cuando ya tienes todo trazado y vas caminando adentro de la novela. Eso es un paraíso total y eso quería yo que me durara más. Ahora, tampoco lo tuve en *Cielos de la Tierra* porque eran tres historias diferentes. Y siempre fue doloroso escribirla porque nunca estaba yo acomodada plácidamente en una; iba brincando de la una a la otra. Y sí, me gustaría tener la suerte de escribir una novela muy larga y habitarla mucho tiempo.

Mi última pregunta es acerca de tus proyectos futuros.

¿Sabes que soy supersticiosa? Me da no sé qué, que si cuento un texto que estoy haciendo, se me va a morir.

En otras entrevistas he leído que estás trabajando un texto de un hombre extranjero que viene a trabajar con la arqueología.

No, es que ésa es una novela que se me saló, que se me acabó. Es una novela de Teoberto Maler y fíjate que es una novela que perdí por platicarla. Porque terminando la primera versión, cometí el error de empezar a platicarle a todo el mundo lo que estaba yo haciendo. Ya estaba hecha la primera versión y ya nunca pude acabar la novela. Y me han invitado a cosas a hablar del personaje, porque es un personaje real, existió. Por eso asisto por aquí, por allá, porque me invitan los alemanes a escribir el prólogo de alguien que hizo una novela de este personaje. Luego sacaron un libro de sus trabajos arqueológicos y me invitaron a escribir un retrato de él, y dije: «Con mucho gusto», pero me quedé sin el personaje por platicarlo. Y allí se me reforzó la idea de que nunca hay que contar nada hasta que lo tengas —incluso, siempre lo he hecho con los libros de poemas—. Nunca publico un poema hasta tener terminado todo el libro. Y ya que está acabado el libro doy a publicar los poemas por separado. Pero en medio no lo hago porque siento que se me va a despojar, que me voy a quedar sin eso que tenía. Pero soy muy supersticiosa.

Este verano en México, te escuché leer una sección de una novela más reciente que saldrá en la primavera. Esta novela incorpora una sociedad de mujeres, las amazonas. ¿Por qué ese cambio radical de una sociedad de hombres que se encuentra en Son vacas, somos puercos? *¿Te ha influido el acoso crítico de personas que quieren saber por qué escribes de hombres?*

Si no me equivoco, la persecución de que somos objeto los escritores es lo que define el tema de la siguiente novela. Esta persecución no es la de los críticos, para nada. Es una persecución que se lleva a cabo en el silencio. Al novelista lo persiguen los temas, los personajes, las obsesiones, y porque ocurre esta persecución es por lo que el novelista escribe, y escribe de lo que escribe. Si escribí sobre las amazonas fue por esta persecución que describo. Es más que una influencia, es un gobierno, una demanda. El escritor es esclavo de esa obligatoriedad. Escribí de los piratas porque necesité escribir de ellos, porque Smeeks me agarró del cuello y no me dejó en paz hasta que conté su historia. Las amazonas continúan con esta misma obsesión, son parte de la exploración a que me obligó Smeeks. Es la contraparte, el otro lado de la naranja, el que *Son vacas, somos puer-*

cos había dejado del lado de la sombra. Me hubiera encantado escribir de un hilo sobre piratas y amazonas, brincar de uno a otro para tener la naranja iluminada alternativamente. Pero entre los piratas y las amazonas fui víctima de otras persecuciones. El diálogo intenso de un escritor no es con sus críticos, ni con sus lectores. El estridente diálogo se da entre sus obsesiones y el que escribe.

¿Qué opinas de cómo ha aceptado la crítica Treinta años, *en el sentido de que algunos piensan que es una literatura menos complicada que algunas de tus novelas anteriores?*

La crítica en México dejó de quererme desde que publiqué *Duerme*. De pronto les fui antipática. Detestó *Cielos de la Tierra*, no se escribió sobre esa novela, tampoco sé por qué les cayó tan mal. *Treinta años*, en ese sentido, fue un poco mejor recibida, ligeramente menos ignorada por los críticos literarios. No creo que sea una novela menos complicada. Juego a la pastiche, juego a la parodia de la novela de la época del marco histórico elegido. En *Son vacas, somos puercos*, el pícaro y su novela; en *Treinta años*, los sesenta y su novela. Y en el fondo es el mismo tema, la construcción de un cuerpo en un ambiente que desea su destrucción. Los ambientes, eso sí, son muy diferentes. Si de lo que hablas es de la crítica académica, no sé qué decirte, no he tenido el espacio para seguir qué se ha escrito de *Treinta años*. He andado un poco en Babia. A Babia sí entran los suplementos literarios y las revistas, pero poco de las publicaciones académicas. O no sé si ha sido Babia, tal vez más bien un rincón del vértigo.

Tu estrella asciende cada vez más en el panorama literario. ¿Cómo reaccionas frente esa popularidad? ¿Sientes que esa fama presenta nuevas responsabilidades o presiones?

No creo tener una estrella, para comenzar. Tengo otras cosas, pero no estrella. Tengo delirios, ebriedades, eso sí. Las estrellas tienen una luz que no se parece a mi persona. Si dices «responsabilidades y presiones,» entonces sí creo que me hablas a mí. Cada novela exige más que la anterior. Cada libro me somete a mayor presión. Más se conoce el oficio, más se complican las cosas. Si dices «fama», no sé de qué hablas. Porque hay muy pocos lectores en México, porque el mundo literario es tan difícil que uno cree que sólo va ganando pérdidas.

La obra de teatro que montaste con Jesusa Rodríguez en la primavera del año 1998 duró poco en escena. ¿Estaba planeado que durara tan poco en cartelera? ¿Tuvieron que ver factores como el género del teatro o el tema político?

La pieza de cabaret que escribí para Jesusa fue hecha con la intención de durar unas tres semanas, era una obra de ocasión que hicimos para divertirnos y para reír. Reír es muy importante. Reír hace las cosas más soportables, y ayuda a comprender; es un rayo de luz, y no de luz de estrellas, de luz de sol. Para nuestra sorpresa, tuvimos muchos cómplices de juego, y la obra duró meses, mucho más de lo planeado. Paramos cuando ya era insostenible, el presidente en México era ya otro que el que aparecía en el escenario, y la obra era ya impresentable. Nos divertimos mucho.

¿Tienes cierta reacción ante los eventos del 11 de septiembre, ya que los viviste tan de cerca?

Los viví muy de cerca, sí. Todavía no se me quitan la tos y la bronquitis que me gané ese día terrible. Estaba en Brooklyn, el viento nos trajo masas de cenizas. Los coches quedaron cubiertos de blanco, nosotros también, y mis pulmones y bronquios retacados de residuos de cadáveres y edificios. Fue algo terrible, un acto de odio. Y el odio genera más odio, como sabemos. No, no puedo hablar de eso. No lo puedo digerir, ni quiero, y sé que sólo digo lugares comunes, mejor me callo. Y lo que nos espera, la reacción que nos espera, esa tampoco la quiero tragar.

OBRAS DE CARMEN BOULLOSA

POESÍA

El hilo olvida. México D. F.: La Máquina de Escribir, 1978.
La memoria vacía. México D. F.: Taller Martín Pescador, La Hojaresca, 1978.
Ingobernable. México D. F.: UNAM, 1979.
Lealtad. México D. F.: Taller Martín Pescador, 1981.
Abierta. México D. F.: Delegación Venustiano Carranza, Subdelegación de Cultura, 1983.
La salvaja. México D. F.: Taller Martín Pescador, 1988.
La salvaja. [Selección de poemas.] México D. F.: FCE, 1989. Premio Xavier Villaurrutia.
Soledumbre. México D. F.: Casa Abierta al Tiempo, UAM, 1992.
Envenenada: Antología personal. Caracas: Fondo Editorial Pequeña Venecia, 1993.
Niebla: una poema. México D. F.: El Hijo del Cuervo, 1995.
La Delirios. México D. F.: FCE, 1998.
La bebida. México D. F.: FCE, 2002.

NOVELA

Mejor desaparece. México D. F.: Océano, 1987.
Antes. México D. F.: Vuelta, 1989. Premio Xavier Villaurrutia.
Son vacas, somos puercos: Filibusteros del mar Caribe. México D. F.: Era, 1991.
Llanto: Novelas imposibles. México D. F.: Era, 1992.
La Milagrosa. México D. F.: Ediciones Era, 1993.
Duerme. Madrid D. F. / Buenos Aires: Alfaguara, 1994.
Cielos de la Tierra. México D. F.: Alfaguara, 1997.
Treinta años. México D. F.: Alfaguara, 1999.
De un salto descabalga la reina. Madrid: Editorial Debate, 2002.

TEATRO

Cocinar hombres. México D. F.: La Flor de Otro Día / Taller Tres Sirenas, 1985.
Mi versión de los hechos. México D. F.: Arte y Cultura Ediciones, 1987.
Teatro herético. Puebla: Universidad Autónoma de Puebla, 1987.

ANTOLOGÍA DE PROSA

Papeles irresponsables. México D. F.: UAM, 1989.
Quizá. Caracas: Monte Ávila Editores, 1995.
Prosa rota. México D. F.: Plaza y Janés, 2000.

ENSAYO

«Graciela in the Light of Saint Luke». En: *Mexico: the Artist is a Woman*. Regina Cortina (ed.). Providence, RI: Brown University, 1995.
Bodek, Adrián, Ulrich Wüst y Carmen Boullosa. *Lo propio en lo ajeno, lo ajeno en lo propio*. México D. F.: Centro de la Imagen, 1997. [Catálogo de exhibición fotográfica.]
«Juan Pascoa, impresor». En: *Taller Martín Pescador*. México D. F.: Instituto de Artes Gráficas de Oaxaca; Ediciones Sin Nombre, 1999.

LITERATURA INFANTIL Y JUVENIL

La Midas. México D. F.: CIDCLI, 1986.
El médico de los piratas: Bucaneros y filibusteros en el Caribe. Madrid: Ediciones Siruela, 1982.
Sólo para muchachos. México D. F.: Alfaguara, 1997.
Los totoles. México D. F.: Alfaguara, 2000.

EDICIONES DE LIBROS

Ramos Sucre, José Antonio y Katyna Henríquez. *José Antonio Ramos Sucre*. Prólogo de Carmen Boullosa. México D. F.: UNAM, Coordinación de Difusión Cultural, Dirección de Literatura, 1991.
Lara, Magali y Eduardo Vázquez Martín. *Violenta pureza*. Prólogo de Carmen Boullosa. México D. F.: Consejo Nacional de Recursos para la Atención de la Juventud, 1988.
Todos los amores: Antología de poesía amorosa. México D. F.: Alfaguara, 1997.

ENTREVISTAS (LISTA INCOMPLETA)

Salinas, Adela y Carmen Boullosa. *Primero dios: los escritores mexicanos hablan de sus amores, odios, peleas y reconciliaciones con la divinidad*. México D. F.: Colibrí, 1999.

VIDEOCASETES

Cantona. México D. F.: CONACULTA; Instituto Nacional de Antropología e Historia, 1998. [Cantona, sitio arqueológico, Puebla.]

CRÍTICA SOBRE CARMEN BOULLOSA

Bárbara Dröscher y Carlos Rincón (eds.). *Acercamientos a Carmen Boullosa: actas del Simposio «Conjugarse en Infinitivo - La escritora Carmen Boullsoa»*. Berlín: Edición Tranvía, Verlag Walter Frey, 1999.

Entrevista con Ana Clavel

¿Por qué decidiste ser escritora?

Yo no decidí nada. La escritura me escogió. En mi casa no se leía ni el periódico; yo ni siquiera sabía que los libros podían gustarme. Un buen día —tendría diez años— organizaron en mi escuela un intercambio de libros. Tuve que ir a la papelería y comprarme uno para participar y que no me reprobaran. Escogí *La vuelta al mundo en 80 días* de Verne. Empecé a leerlo después de la comida y ya no pude soltarlo. Era de noche cuando terminé la lectura; el tiempo se había borrado y al toparme con las páginas finales no sé qué era más grande, si la alegría de haber recorrido mundos nuevos y maravillosos, o la tristeza porque el viaje había terminado... O sea, que primero fui lectora. Digo que la escritura me escogió porque después, a los dieciséis, una mañana me desperté con una voz que me «leía» un texto. Tuve que levantarme de la cama y sentarme a escribirlo casi como si fuera un dictado. Era prosa, no poesía. Me inicié en el cuento porque las historias que se me ocurrían eran historias de poca extensión, con un solo conflicto a resolver.

Recuerdo que antes de descubrir los libros, fui teleadicta, me encantaba ver televisión. Había un programa que me fascinaba: *Galería nocturna*. La estructura del programa era a base de viñetas: un hombre recorría una sala con cuadros en exhibición y cada cuadro tenía una historia. Cada historia se desarrollaba mediante una estructura de cuento. Así, sin saberlo, tuve mis primeras lecciones de teoría del cuento. Había historias que empezaban justo por el final y así aprendí elementos de estructura y ritmo que después me serían muy útiles. Hacia los dieciocho años mis lecturas se habían incrementado.

Recuerdo especialmente a Cervantes, a Mann, a Hesse, a Neruda, ah... y la *Divina comedia*. También tenía escritos una veintena de textos y me animé a entrar a un taller literario de Bellas Artes que vi anunciado en un periódico. Tuve la suerte de que el coordinador, Orlando Ortiz, fuera un escritor respetuoso del trabajo de sus talleristas, lejos de pedirte que escribieras como él, ponía mucha atención para que cada quién se desarrollara conforme a un estilo propio.

Por una invitación de Guillermo Samperio tuve la oportunidad de presentar un primer libro de cuentos en la colección «Letras Nuevas» de la SEP. Tenía entonces 23 años cuando se publicó *Fuera de escena*. Eran textos artesanalmente bien construidos, bien logrados; ahí había una preocupación por experimentar en un nivel formal. La temática se constreñía a una especie de marginación emocional de los personajes que literalmente los situaba «fuera de escena», fuera de la vida, más del lado de la angustia y la soledad. Casi todos eran cuentos marcadamente pesimistas. En el libro de *Amorosos de atar*, que fue el que ganó el Premio Gilberto Owen en 1991, sucedió que me empecé a sentir un poco más libre y los cuentos, de ser textos muy ceñidos de cinco cuartillas, crecieron y me permitieron un mayor desarrollo de personajes, de ambientes y también de propuestas narrativas. Pero me interesaba que no se notara el artificio de lo que estaba yo haciendo. Hay en particular un cuento, el de «Cuando María mire el mar», que representa mejor mis intentos de esa época.

La anécdota básica es la de una mujer embarazada que hay viajado al mar para decidir si tiene a su hijo o no. Frente al mar, suceden muchas cosas: reflexiona sobre su pasado y su niñez, tiene una relación erótica con otra mujer y finalmente se reconcilia consigo misma. Es un texto muy gozoso, como el embarazo mismo, pues María decide continuar con él. Yo me propuse a través de la propia escritura ir mostrando un universo femenino complejo y para nada sentimental. A mí el asunto de lo femenino siempre me produce reticencia y lo toco con sumo cuidado porque creo que muchas veces se vuelve una excusa para escribir de una manera deshilvanada y poco riguroso. Pero, bueno, me pareció interesante indagar en el asunto porque a fin de cuentas el embarazo es un tema que no se trabaja literariamente sino como un hecho accesorio o consumado y no se incursiona en el proceso mismo. El texto propone una suerte de buceo en los sueños, odios y amores de esta mujer embarazada. Y la escritura busca bucear, reflejar, confrontar. Por eso en numerosas ocasiones el narrador omnisciente se sitúa frente a María, el personaje principal, y la confronta respecto a sus emociones y sus decisiones.

Entonces, yo siento que allí hice una propuesta interesante. Descubrí que la literatura puede ser gozosa sin dejar de ser rigurosa, sin esas concesiones en las que muchas veces cae la literatura proselitista, llámese feminista, fácil o superficial. Lo importante es ser fiel a los personajes que uno desarrolla y brindarles todos los elementos formales para que puedan llegar a su lector. Ese cuento, que quizá es el más largo que tengo, fue incluido en la antología *De surcos como trazos. Cuento mexicano finisecular* de Héctor Perea. Al principio Héctor dudó por la extensión del texto, pero como le parecía fascinante, terminó incluyéndolo. Lo que siguió fue pasar a la novela porque el propio aliento de las narraciones anteriores lo iba requiriendo. Pero yo tenía mucho el tabú, el temor de que hay escritores de cuento que no pueden trascender a la novela. Entonces, era un gran reto. Antes de *Los deseos y su sombra*, hubo un intento previo de novela: «Guardángeles», que terminé con el apoyo de una beca de Jóvenes Creadores del FONCA. Aunque escribí esa novela, decidí no publicarla porque sentí que no había terminado de cuajar, sobre todo en el tono narrativo. Era una historia de niños en un hospital. No me sentí satisfecha y decidí guardar el manuscrito en un cajón. Entonces me aventuré con lo que después sería *Los deseos y su sombra*, y que en un principio se llamó «Sombra solitaria», pues para mí es vital que los textos se amparen en la directriz de un título, así sea provisional.

Un día platicaba con Rosa Beltrán sobre la importancia de encontrar temas que pudieran ser interesantes para un público más vasto, pero tratándolos con todo el rigor literario y con una preocupación estética intrínseca. Entonces estaba más o menos reciente el fenómeno de *Como agua para chocolate*. Mucha de la gente que criticaba la novela de Laura Esquivel mencionaba el aparato mercadotécnico que hizo posible su éxito, pero realmente la novela tiene un valor en sí misma. La propuesta que hace la autora a nivel temático y la manera en que la va desarrollando en general me parece muy hábil. A mí me gustó la novela. La disfruté bastante a pesar de que entre el medio literario es muy desdeñada. Creo que hay mucha envidia también detrás. El caso es que hablaba con mi amiga escritora sobre lo interesante que sería encontrar un tipo de literatura que conjuntara algo que pudiera ser accesible para un público más amplio, pero que a la vez tuviera un sustento literario, una propuesta estética y escritural refinada. Y nos preguntábamos: «¿Por qué las propuestas arriesgadas tienen que ser difíciles de leer? ¿Por qué un autor como Elizondo puede ser tan poco leído, por más que sea muy admirado dentro de cierto ámbito?» Existe la idea de que si es bueno tiene que ser para pocos. Pues bien, sí creo que la verdadera literatura siempre es selectiva. No es un arte multitudinario. Pero también están autores como Cervantes, la Woolf, Gide, que a la larga se reimprimen y se traducen y siguen circulando...

De pronto me encontré con el reto de tratar de ofrecer un producto literario muy acabado, muy trabajado, con propuestas escriturales, pero a la vez, que pudiera ser accesible para más gente. Un día me topé con un «pretexto» literario: supe de una mujer adulta a la que su familia no la consultaba en la toma de decisiones que le concernían, incluso en su misma presencia unos y otros miembros de la familia dialogaban sobre su destino como si ella no estuviera presente o fuera retrasada mental. Entonces, me dije: «Bueno, ¿por qué no llevar la metáfora al extremo? ¿Qué pasaría si este mismo personaje se borrara, anulara su voluntad, se hiciera completamente invisible?» Recordé *El hombre invisible* de Welles y después Miriam Grunstein me sugirió el título homónimo de Ralph Ellison, esa novela estupenda sobre un negro que, por cuestiones de racismo, también se vuelve invisible. Comencé a leer mucho sobre el tema. Me encontré también con los cuentos de hadas y la mitología. Luego el don de la invisibilidad derivó hasta la fotografía, una poética de las sombras y el sojuzgamiento al deseo de los otros, que fue donde encontré el motivo principal de la invisibilidad del personaje. Las lecturas y el proceso de escritura requirieron cinco años. Considero que a la postre el haber dado tiempo para que la novela creciera, para que incorporara elementos más sutiles, hizo posible que también se enriqueciera. Un proceso de alquimia y destilación internas para ofrecerle al lector algo de valor.

Pero no hubiera podido preservar sin el tiempo y las lecturas paralelas. En este sentido Roland Barthes con su *Camera lucida* y Calvino con sus *Ciudades invisibles* fueron imprescindibles. También una obra de Philippe Dubois sobre la fotografía como huella luminosa. Hablo de destilación interna porque todo este andamiaje teórico, este rizoma de ideas, no debían notarse en la novela, al menos no de una manera forzada. Me gusta ampararme a la sombra o a la luz de ciertos autores. Ahora, por ejemplo, estoy retomando a Virginia Woolf para que me ilumine en mi nuevo proyecto. Pero en aquel momento me amparé también bajo la protección de la *Odisea*, porque algo me decía que mi personaje iba a navegar entre las procelosas aguas de su existencia como de alguna manera lo hizo Ulises en la suya. Sólo que el viaje de Soledad García en *Los deseos* iba a ser más bien un viaje interior...

Al releer el primer canto de la obra griega constaté que podía retomar casi literalmente el asunto. En lugar de «Cuéntanos, ¡oh Diosa!», puse «Cuéntanos, Eco» y fui adecuando los motivos. En vez de hacer mención de la destrucción de las murallas de Troya decidí aludir a la destrucción de las murallas del cuerpo de Soledad, y por ahí me seguí. Este fragmento orientó mucho la idea global de la novela, aunque a la postre terminó encabezando la última parte. Y orientó sobre todo el trabajo en una especie de fabulación donde comencé a imaginar a Soledad, quien, en su calidad de invisible, veía otras ciudades invisibles de la propia Ciudad de México. Así, me la imaginaba navegando entre las acequias, esta especie de acueductos que había en la Ciudad de México en la época prehispánica y colonial, en las trajineras. Fue una apuesta muy temeraria de mi parte porque yo no tenía mayor información sobre la ciudad ni su historia.

También se me ocurrió que podía haber una relación muy intensa entre la ciudad y el personaje. Mucho después entendí lo que estaba pasando, que como ella perdía su cuerpo, la ciudad cobró un poco esa función de cuerpo propio. Era una especie de enamoramiento, de enlace del personaje y de la ciudad. Yo tampoco conocía la ciudad como la empecé a conocer, a través de mitos, a través de paseos y recorridos. Yo sabía que la Ciudad de México era deslumbrante y maravillosa, pero adentrarme para este proyecto me requería tiempo y decidí dármelo. Conjugaba mis trabajos y mi vida para darme los espacios necesarios y resultó siendo fascinante: me enamoré de mi ciudad y la descubrí también como un cuerpo propio.

Se ve que tomaste tu tiempo porque es una novela compleja, con mucha ambigüedad. No sé si tienes una razón para hablar de la historia, en términos del presente, en Los deseos y su sombra. *Me hablaste de las investigaciones y de pensar en el personaje como pertinente al pasado, pero en realidad todo ocurre en el presente, bueno, el tiempo contemporáneo. Leandro Valle, como estatua animada, va insertado dentro de ese tiempo reciente. ¿Por qué no escribiste una novela histórica que ocurre en los tiempos de Leandro Valle, algo así como* La corte de los ilusos *de Rosa Beltrán?*

A mí la verdad me da un poco de flojera la novela histórica. Me parece que es como hacerle trampas a la historia y a la ficción. Yo sé que hay grandes exponentes del género. Y por ejemplo, la novela de Rosa es espléndida, es muy divertida, está magníficamente bien escrita. Tiene momentos maravillosos. Por ejemplo, me acuerdo del momento en que Iturbide va montando en su caballo y se imagina montando a la Güera Rodríguez. Es un episodio erótico padrísimo. Pero a mí no me atrae la historia de los grandes personajes sino de los pequeños, los marginales. Si toqué sucesos como el 68 en *Los deseos* fue porque formaba parte de una historia personal posible del personaje y porque justificaba a un nivel metafórico algunos de los supuestos de invisibilidad que percibía que se podía extender a una sociedad como la mexicana que hacía posible la invisibilidad de sus miembros. También me animé a abordar el 68 porque la dualidad de la novela me permitía recrear una historia no oficial, lúdica, no de lo que pasó sino de lo que pudo haber sucedido si la sociedad mexicana hubiera repudiado la matanza de estudiantes y se hubiera levantado en un grito de rebeldía y dignidad.

Busqué darle vuelta a la versión de lamentos que siempre se maneja. Y luego, a parte de la historia, lo que me interesa también es el imaginario colectivo, lo que la gente pueda creer acerca de su realidad. Es el caso de la ciudad subterránea a la que desciende Soledad cuando trabaja en el Palacio de Bellas Artes. Soledad recorre esos túneles y toma fotografías. Yo bajé a unos túneles, pero obviamente no son estos túneles imaginarios. Realmente no existe una ciudad subterránea. Pero la idea es generalizada y la gente cree en una red secreta que data de tiempos prehispánicos y que comunica [el] Palacio Nacional con el cerro de la Estrella. De cualquier forma, no importa que no exista esta otra ciudad. Lo importante es que existe en el imaginario de la gente. Y eso la hace posible. La convierte en una ciudad invisible que aunque no se pueda ver, está presente.

Ese juego tuyo entre la ficción y la historia es interesante. Por ejemplo, explicas el nombre «verdadero» de Guadalupe Victoria, junto con la otra versión de la historia del águila y la serpiente en el nopal...

Ya, que la serpiente fue por contaminación española, ¿no? [Se ríe.]

Sí, y la referencia a los niños héroes que en realidad nadie sabe si eran tan heroicos. Para ti, ¿cuál es la diferencia entre la ficción y la historia? ¿Cómo es la historia para ti?

En México, cuando eres niño, en la escuela, te hacen prepara tu cartulina de los niños héroes para conmemorar el 13 de septiembre.

Te cuentan la historia del heroico cadete que prefirió morir enrollado en la bandera nacional antes que dejar que el ejército norteamericano se apoderara del lábaro patrio y todo ese asunto. Pero conforme creces y te formas, empiezas a dudar. Descubres que sólo tenemos versiones y no podemos sino aspirar a verdades parciales.

Y las verdades que te brinda la literatura son prodigiosas, tan reales y fantasmagóricas como la historia. En ese sentido, ir leyendo *Ciudades invisibles* de Italo Calvino, en donde Marco Polo refiere a Gengis Kahn la existencia de ciudades maravillosas con nombres de mujer que en realidad están siendo inventadas por el viajero, revela pulsiones que están detrás de nuestras formas de conocimiento: el deseo y la imaginación. Entonces, otra vez es lo mismo. No importa si no existe. Lo importante es que uno las pueda imaginar y habitar de alguna manera en ellas. Y en la novela de *Los deseos* me di ese permiso. Fue una situación que se emparentó con las dualidades implícitas en la temática: la invisibilidad y lo visible, la luz y las sombras, la verdad y la mentira, la versión oficial y una versión un poco más de lo que ahora han dado en llamar la «ego historia», la historia contada desde un punto de vista personal.

Fue fascinante todo lo que iba surgiendo, porque de entrada la novela trataba de responder a la pregunta de por qué una persona se puede haber invisible, lo que le tiene que pasar en su vida para que desee desaparecer y para que el deseo se le cumpla. Pero después se fue ramificando y tuve que meterme con otras implicaciones. Por ejemplo, ese supuesto que los deseos siempre se cumplen. En la primera parte de la novela intenté responder a las razones de la invisibilidad de Soledad desde el ámbito familiar y de la niñez, de los primeros contactos sexuales, de los primeros desengaños, la muerte del padre, las primeras pérdidas. Luego, en la segunda parte, busqué responder a esa pregunta en el ámbito de la relación amorosa. Cuando yo estaba imaginando al personaje del cual Soledad se iba a enamorar, partí de la base de ese tipo de relaciones enfermizas, capaces de hacer perder la voluntad del amante, de convertirlo en una sombra de sí mismo. Entonces, me dije: «El amante de Soledad tiene que ser un extranjero que al término de la relación se marche a su país y desaparezca de la novela». No quería seguir una historia de reencuentros ni nada semejante. Y pensé en hacerlo fotógrafo, porque así reafirmaba la dualidad de luz y sombras en la que se debatía el personaje mismo. Ahí se derivaron lecturas sobre la fotografía. Ese libro que Barthes escribe a raíz de la muerte de su madre y el hallazgo de una foto de cuando era niña. Algunos de los momentos en que Soledad recuerda a su padre muerto están inspirados en ese libro y en esa foto de la madre de Barthes.

Me interesa mucho ese papel de Soledad como modelo de un maestro que le enseña el arte. En algún momento Soledad hace el trabajo de su maestro y amante, Péter. Péter le deja calificar los trabajos de los estudiantes. Me hace pensar en las novelas de Silvia Molina, por ejemplo en La familia vino del norte, *cuando la protagonista que quiere ser escritora empieza por hacer las tareas de su maestro y amante periodista. En los agradecimientos de* Los deseos y su sombra *mencionas a Molina. ¿Habías pensado en una relación con los protagonistas de Silvia que llegan a ser escritoras por la ayuda de un hombre que es mayor y se involucran en una relación amorosa que no sirve por alguna razón? ¿Es el mismo patrón?*

En los agradecimientos que vienen al final de *Los deseos* menciono a Silvia Molina porque, al igual que otros escritores y amigos, leyó la novela y con su generosidad habitual me recomendó que la podara un poco. La novela entonces tenía unas 400 páginas. Como le gustó, me propuso incluso llevarla a una editorial de renombre. Pero en ese momento sucedió que ya la había metido en el Premio de Novela Alfaguara, entonces decidí esperar para ver qué sucedía. Cuando Claudia San Román me avisó que estaba de finalista, también me dijo que había posibilidades de que la publicaran ahí aunque no ganara el premio y ya no intenté el camino que me había ofrecido Silvia. En cambio, sí retomé algunas de las sugerencias de Silvia, aunque me implicaron algunos cuestionamientos. Yo pensaba: «Si le hubieran hecho ese tipo de correcciones al *Quijote*, se queda la décima parte de la novela». En fin, el caso es que también me acordé de mis lecturas de la facultad, en especial de esa máxima de Gracián: «Lo bueno si breve, dos veces bueno. Si malo, no tan malo», y saqué las tijeras.

Respecto a lo del patrón de conducta, yo podría pensar en muchas novelas donde un personaje femenino se disuelve en su relación con otro. Y como yo deseaba responder a la pregunta de por qué alguien puede volverse invisible, pues me parecía normal que eso pasara en la relación amorosa de Soledad y Péter, que fuera ella la que se sojuzgara, la que aprendiera del otro, porque además es un esquema muy común. Ahora las mujeres tienen una participación mayor, pero lo cierto es que aún ahora, las mujeres siguen a la sombra. Entonces, no lo pensaría tanto como un esquema de Silvia, sino de la realidad misma. En especial en países como México, porque aquí siguen siendo impresionantes la misoginia y el machismo.

Háblame del Desconocido. De la relación entre El Desconocido y Soledad.

En una ocasión yo estaba en un grupo de terapia y empezamos a hablar de esos momentos en los que gente desconocida o gente muy conocida de tu familia empieza a tener una injerencia en tu vida por el lado de los manoseos, de los encuentros sexuales, relaciones clandestinas de adultos con pequeños. Y fue increíble que todos, absolutamente todos, habíamos sido objeto de abusos de esta índole o... habían sido los abusadores. Me quedé asombrada porque son cosas de las que no se habla, se viven como algo muy personal, pero luego lo abres y parece un patrón de conducta. Y me pareció que en esa parte de deseo sexual confuso podía encontrarse otra razón de peso para la invisibilidad de Soledad. Sobre todo por la carga de goce y culpa que conllevan.

Es interesante también el aspecto religioso de la obra. La novela está impregnada por cuestiones religiosas, pero Soledad no pertenece a ninguna religión organizada y la Adoración Nocturna parece casi más válida que lo católico.

Me pareció que la formación católica, con toda su carga represiva y abrumadora, podía también ser otra causa para la invisibilidad. La gente se queda con los ritos y ceremonias, con el sentimiento de culpa y el afán de sacrificio pero no tiene eso que Erasmo llamó un cristianismo interior. Soledad no tiene una verdadera fe. Quizá si hubiera tenido una verdadera fe, habrá creído más en sí misma y no hubiera llegado a la invisibilidad. Esto lo aprendí de ciertas gentes que conocí cuando incursioné en el centro de la Ciudad de México mientras escribía la novela. Ahí conocía a gente de la Adoración Nocturna, a los campaneros de Catedral, a Jorge Córdoba, quien inspiró el personaje de Jorge Estrella. Jorge se colocaba en la avenida 20 de Noviembre como estatua viviente para ganarse unos pesos y mantener a su familia. Cuando platiqué con él descubrí que tenía todo un discurso sobre la supervivencia, aprendí mucho de su manera de enfrentar al mundo y darle a la ciudad regalos de belleza. Él me habló de los campaneros, de que se reunían los fines de semana para el repique de las doce del día. El padre Julián, de la iglesia de Santo Domingo, me habló de los

Adoradores Nocturnos. El dato me pareció fascinante desde el nombre mismo, pero también porque me hablaba de mundos invisibles, desconocidos de la ciudad, que convivían con los otros sin que el resto supiera de su existencia.

Entonces indagué sobre la de cofradía herética y al contrario de lo que inicialmente creí, que se trataba de una especie de cofradía herética, resultó ser que la Adoración Nocturna mexicana es una vertiente católica, una agrupación muy bien fundamentada, cuya organización es mundial y tiene su base en Roma. Es fascinante porque uno cree que conoce muchas cosas, pero la realidad siempre te supera en cuanto a la fantasía. Lo más fascinante de los Adoradores Nocturnos es que de verdad creen que el mundo se salva y renace cada día gracias a que ellos rezan por las noches. Son defensores de la fe católica y cuidado con que se te ocurra hablar mal de la Iglesia. Fui a algunas reuniones en la iglesia de San Felipe de Jesús, que es la central de la Ciudad de México y que fue construida con el apoyo de la esposa de Porfirio Díaz, Carmelita Romero Rubio. Como son especialmente sensibles a las críticas, no es de extrañar que se mostraran suspicaces cuando se enteraron que yo escribía una novela. Pero igual hubo gente de generosidad y fe inquebrantable que incluso llegó a defenderme frente a la jefa de las Adoradoras Nocturnas —asómbrate: una respetada química que trabaja en el Instituto de Antropología—, arguyendo que igual podía ser yo una Santa Teresa y escribir de manera favorable a la religión. Aunque parezca de ficción lo que te cuento, es muy real.

Mi última pregunta para la entrevista va a ser acerca de tus proyectos futuros.

Estoy maquinando un personaje que yo creo va para novela, que me va a permitir explorar en el lenguaje y en el personaje mismo una sensibilidad femenina en un ámbito masculino. Por eso estoy a la sombra, o a la luz, de Virginia Woolf con el *Orlando*. Yo me tardo en mis procesos de escritura. Apenas está empezando. Siento la necesidad de dejarlo que nazca y crezca... Así que no verás nada nuevo en algunos años.

OBRAS DE ANA CLAVEL

CUENTO

Fuera de escena. México D. F.: SEP, 1984.
Amorosos de atar. Culiacán: Dirección de Investigación y Fomento
de Cultura Regional del Gobierno del Estado de Sinaloa, 1992.
Premio Nacional Gilberto Owen.
Paraísos trémulos. México D. F.: Alfaguara, 2002.

NOVELA

Los deseos y su sombra. México D. F.: Alfaguara, 2000. Finalista,
Premio Internacional de Alfaguara, 1999.

EDICIONES DE LIBROS

VV. AA. *La mujer loba y otros relatos sobrenaturales*. *Antología*.
Traducción de Federico Patán. Prólogo de Ana Clavel. México D.
F.: CONACULTA, 1996.
Queiroz, Eça de. *La reliquia*. Traducción de Ramón Valle-Inclán y
Peña. Prólogo de Ana Clavel. México D. F.: CONACULTA,
1996.

Entrevista con Brianda Domecq

Me interesa que no hay prefacio en Once días... *y algo más porque sin leer la crítica sería difícil saber que la historia se basa en un episodio de tu vida.* Elena Poniatowska hace lo mismo con Hasta no verte Jesús mío *y de nuevo sería difícil saber que la novela se inspiró en conversaciones grabadas si uno no tuviera acceso a la crítica. ¿Por qué no incluiste prólogo?*

Bueno, precisamente porque la idea es que fuera una novela, no un documento de confesión personal. Toda la estructura que tiene, toda la técnica literaria que está en *Once días* es una técnica de novela. Yo lo considero dentro del género de la novela, a pesar de que un profesor de tus tierras, de Kansas, John Brushwood, dice que no es novela porque no inventé nada. Le dije: «Pues, ¿que estuviste allí conmigo en el cuarto para saber que no inventé nada?» Entonces hay que ponerle un género, hay que llamarlo *nonfiction novel*. Verdaderamente para mí la novela es una función o un juego que se establece entre el lector y el texto. Yo como autora al escribir algo como una novela, yo le invito a entrar en la acción, a experimentar una vivencia y a volver a salir. Yo no estoy pidiendo al lector que tome una distancia crítica que no juzgue nada. Estoy pidiendo al lector que entre y que viva la novela. Si pongo un prefacio, ya pongo prejuicios. Por eso precisamente cambié los nombres, no lo escribí desde mi persona, creé personajes, tampoco respeté necesariamente el orden de los sucesos. O sea, la persona que me dice que yo no inventé nada, yo no sé de dónde parte. Entonces decidí: si viene alguien de Japón que no ha leído los periódicos o llega alguien de Marte que no ha leído los periódicos, este libro lo va a leer como novela, como si fuera una invención. Yo leí la novela de Elena Poniatowska como novela. Después me enteré que había salido de grabaciones. Me pareció excelente como novela. A mí vale absoluto sorbete. Incluso si tú le preguntas a Elena Poniatowska, ella te va a decir que Jesusa niega que ésa es su historia. Dice que Elena lo cambió demasiado, que ella no dijo eso que esta registrado allí.

Cuando leíste que Hasta no verte Jesús mío *tiene esa otra historia atrás, ¿cambió la novela para ti?*

No. No cambió; se me hizo fascinante la forma de captar la información. Inclusive lo uso en *La insólita historia de la Santa de Cabora.* La conversación con Josefa, la ancianita, que habla así como un muñeco mecánico, es una conversación real. Fue grabada. El tipo de lenguaje que usa es el lenguaje que ella usa. No me acordaba en ese momento que estaba usando yo la misma técnica que Elena Poniatowska, pero todas estas cosas no quedan tanto en la memoria así como tanto en la conciencia. Quedan en lo que se llama el sedimento, que es toda esa experiencia literaria, vivida que va acumulando y a la hora que tú vas escribiendo sale espontáneamente pues sin que traiga una etiqueta.

¿Leíste Noticia de un secuestro *de Gabriel García Márquez?*

Lo empecé a leer. No lo terminé. No me gustó. Yo creo que mi libro es mucho mejor. Francamente el de García Márquez es demasiado noticioso. Eso puedo leer en el periódico y me interesa un libro que toma algo de eso y le saque significado. No nada más que sea reportería. Para mí era un reportaje. Creo que no intentó él hacer otra cosa, pero me aburrió. Me pareció como lectura, como literatura, perdón la falta de humildad, que mi *Once días* es mucho más interesante y capta más la atención.

García Márquez usa prólogo y siempre empieza sus reportajes con «Eso no es ficción». Me interesa —claro, no es significante al nivel estadístico— que el hombre puso un prólogo y que las dos mujeres, tú y Poniatowska, que escriben algo parecido a un reportaje con elementos de ficción, no usan prólogo. Para mí García Márquez siente que debe dirigir al lector: así es como vas a leer mi libro. Ustedes dejan al lector en paz. ¿Tiene importancia para ti?

Yo creo que los hombres tienen más necesidad de clasificar. Yo como mujer, bueno, yo como ser humano, encuentro sumamente difícil dibujar la raya entre ficción y realidad. Si a mí ahorita tú me preguntas: «Bueno, ¿cuánto de *Once días* es real y cuánto no?» Ya no te puedo decir porque ya realmente la raya se borra. Inclusive, todos mis libros son idénticos. Todos mis libros son una combinación de realidad y ficción. Yo creo que todos los libros lo son. Pero tratar de dibujar la raya entre el uno y el otro es tratar de encontrar la aguja en el pajar. Inclusive en el momento de tratar de captar la realidad la reinventamos. Ahora, cuando yo escribo el ensayo histórico sobre Teresa Urrea, pongo una introducción. Pero no necesito decir: «Eso es la verdad». Es sólo una parte de la verdad. Pero no sé si es histórico o no lo es. La clasificación por géneros ha sido una clasificación que ha nacido de la literatura escrita por hombres. Yo soy en ese sentido muy feminista. Creo que las mujeres estamos haciendo una literatura diferente, aunque abrevamos en la misma literatura porque es la única que hay. Siento que somos muchísimo más eclécticas, que no nos interesan las clasificaciones. De la misma manera que a una mujer no le interesa saber cómo trabaja una computadora, nada más le interesa saber: «¿Cómo puedo usarla para lo que a mí me sirve?» En cambio, al hombre le fascina meterse a los programas, los estos, los otros, «¿Qué tiene en las tripas, la mugre máquina ésa?» Pues, en ese sentido creo que salió un artículo de *Time* que revisaba toda esa diferencia entre cómo una mujer aborda una computadora y cómo un hombre aborda una computadora. Creo que sucede lo mismo con la literatura. Además, a mí la libertad del lector me parece absolutamente sagrada. Si el lector quiere leer mi libro al revés pues es su libertad. No es dirigida la lectura.

Me interesa la diferencia entre escribir la historia y escribir algo que se parece a los sucesos del día o al periodismo. No sé si me entiendes. Es la diferencia entre la historia como algo lejano y los sucesos del día.

Periodismo. Recoger algo actual.

Exacto. Once días *yo diría usa más los sucesos del día, pero hay una mezcla en* La insólita historia de la Santa de Cabora. *Empleas la historia lejana y luego introduces a esa investigadora. Entonces hay un marco, aunque sería difícil decir si el marco es el presente y metes la historia o si el marco es la historia y metes el presente, pero*

los dos coinciden. ¿Cuál es la diferencia entre estos dos, el estilo de
la historia y el del periodismo?

Pues mira, yo creo que en *Once días* lo que tú estás percibiendo
como el momento actual es el trabajo del tiempo. Es una novela que
tiene lugar en el presente. Esta novela para mí fue sumamente difícil
porque uso la voz narrativa y el tiempo verbal más difíciles que hay
en la novela: el presente y el yo, la primera persona. Si tú te fijas, hay
transiciones. No es exactamente en el tiempo presente, es un pasado
inmediato. Hay un presente que va a un pasado inmediato, un pasado de hace cinco minutos, o que se proyecta a qué sucederá dentro
de los siguientes quince minutos. Sin embargo el espacio del tiempo
está muy limitado. Esto da la sensación cuando lo estás leyendo que
estás en el presente, porque precisamente eso es lo que trata de lograr
la novela: separarte desde el pasado al futuro como fue separada la
protagonista. Y que tienes que vivir ese presente: ¿qué va a suceder?,
no pasado mañana, no al final de mi vida ¿qué va a suceder en los siguientes diez minutos? Yo estoy muy contenta con cómo lo logré,
porque la mayoría de la gente me dice que lee el libro y que no lo
puede dejar, que lo lee de una sentada. Me llaman: «¡Ay! No me de-
jaste dormir en toda la noche». En fin.

Ahora, con Teresita hay otra cosa. El título original de la novela era *Veredas del olvido*. A mí lo que más me apasionó, me interesó, fue la forma en que como mujer que es, la historia, la literatura, inclusive el habla popular, absolutamente olvidan a Teresa.
Teresa es un personaje que de repente salta. De repente Porfirio
Díaz, el dictador más poderoso de México que hemos tenido jamás
en la historia —con la excepción del PRI—, se dedica tres años a
tratar de traerla de nuevo a México para callarla y nadie presta
atención a esta mujer. No existe. Hay un parrafito en la historia de
México de este tamaño [gesto de pequeñez]. Bueno, hay más sobre el niño Fidencio. ¿Por qué? Entonces, esto fue uno de los grandes retos. Para poder contra tanto este olvido, como este no tomarla
en serio cuando existió, como inclusive la forma en que la recoge
Heriberto Frías en *Tomochic*. Necesito tener acceso a todos estos
documentos y necesito ponerlos ante los ojos del lector. Para eso
me sirve la investigadora. La investigadora es un ser que, si tú te
fijas, no tiene nombre, no tiene historia personal. No es verdaderamente un personaje, es un recurso literario. Entonces, ese recurso literario me permite incorporar, de una manera que yo sentí efec-
tiva, todos los documentos, que además has de saber que no son

todos documentos reales. Hay documentos inventados y hay partes de la novela que son verdaderamente reales. Pero lo más extraordinario, un historiador mexicano, Rubén Osorio, escribe el último libro sobre la masacre de Tomochic [*Tomochic en llamas*] y cita mi novela. Cita como fuentes históricas, documentos y partes y relaciones de hechos que yo hago en mi novela, que son inventados. ¡Eso es sensacional! Allí está. ¿Dónde está la raya? ¿Dónde está la línea divisoria entre la realidad y la ficción?

Entonces esto fue un poco la manera en que yo abordé, buscando la manera en que pudiera yo hacer presente este olvido, que por otro lado también, si te das cuenta, la investigadora desaparece después de la primera parte porque ya no tiene ninguna función. Ya Teresita está viviendo plenamente su vida.

Ésa era una de mis preguntas. Dices que la investigadora desaparece en la segunda y tercera parte. ¿Realmente es porque Teresita ya no la necesita?

No sé. Allí sí son cosas que sucedieron en la escritura misma de la novela y que a mí me parecieron que tenían que suceder en este momento. Es parte de la creación intuitiva de un escritor que puede equivocarse, pero me pareció que sería sobrecargar mucho la novela si sigo produciendo todas esas revolturas en la parte de en medio. Entonces, entro más bien en un relato histórico, en un relato cronológico más bien y no en novela.

Me dio la sensación que el personaje mató a la autora.

Bueno, eso siempre ha sido mi duda. Si se tragó la vida de la investigadora para poder contar su propia vida o qué fue lo que sucedió. Con el epílogo, que alguna periodista me dijo que era totalmente gratuito y yo creo que no. Creo que había que dar finalidad a ese pobre portafolio que se perdió y otras cosas.

Estoy de acuerdo. El epílogo es esencial. En cuanto a esa lucha entre qué es verdadero y qué no en la historia, hay una lucha en la novela entre las varias versiones de lo que se decía sobre Teresa y luego parece que a fuerza tienes que escoger una versión. Por ejemplo, en la novela Teresa sí sabe leer. ¿Estabas consciente que querías presentar la multiplicidad de la historia y luego escoger una versión singular?

Tú dices que en las noticias se dice que Teresa es analfabeta y todo. Hay muchas contradicciones en las noticias, pero ése es un juego un poco cínico mío para subrayar lo poco confiable que son las fuentes que usan los historiadores. ¿Cómo fue Teresa en verdad? ¿Era alta o era baja? Porque la describen como gordita y como flaca, como una vieja. Hay una nota periodística que sí es real de la *Bruja de Nogales* donde describe una Teresa que vivió hasta los 90 años y que vivía en unos harapos y mendigaba. Yo decía: «¿De dónde sacó eso ese señor?» Obviamente a la hora de crear el personaje en la novela, yo, como autora, tengo que tener un personaje. No puedo de repente tener un personaje un día que no escribe y otro día sí escribe, pero explico cómo aprende a escribir porque de hecho sí escribía, no muy bien.

¿Entonces estabas consciente que tenías que tomar decisiones, en fin, que sí hay una verdad en la novela?

Yo creo que allí las decisiones se toman entre la autora y el personaje. No son decisiones unilaterales que una toma. Cuando escribo, hay siempre sorpresas. La novela siempre va por lados donde yo no imagino. Te puedo dar un ejemplo muy claro. Uno de los personajes que tenía menos información sobre él era don Tomás [Urrea] mismo. Cosas sobre su personalidad, cómo era, etcétera, tenía algo de historia sobre él, pero en general no. Sobre él y Lauro Aguirre estaba bastante vaga la cosa. Yo un día escribiendo una escena, yo me acuerdo de la sorpresa, cuando Lauro Aguirre empieza a describir la personalidad de don Tomás que yo desconocía. Dije: «¡Ay Chihuahua! ¿Cómo es esto?» Entonces, no fue que en un momento dado en el proceso de escribir estaba yo haciendo decisiones sobre Teresa. A lo largo de mi investigación yo fui formando una Teresa interna que es la que sale y la que decide cómo va a ser. Teresa es un personaje muy ambivalente en muchos sentidos. Se le tiene por santa pero es una mujer muy orgullosa. Se le tiene por buena pero toda la novela está como saturada de sugerencias de que involuntariamente está robando vidas ajenas. Se roba la vida y ella es culpable de la muerte de Damián y todos sus seguidores, pero ella se lo adjudica. Inclusive el profesor Brushwood protestó violentamente porque dijo que el enamoramiento de Teresa le pareció totalmente fuera de carácter, para él. Y yo no podía tener más que una Teresa capaz finalmente de entenderse enloquecida en el amor. Que era contradictorio el personaje de Teresa, se me ha dicho muchas veces. Yo como persona soy muy contradictoria en muchos aspectos de mi vida. Entonces, no sé. Así es.

Ahora, también hubo una cosa muy interesante. Mucha gente se ha fascinado con la vida de Teresa, pero yo le mandé la novela a Carl Brandt que es un agente por allí en Nueva York y me regresó la novela diciendo que no podía interesarse ni en el personaje ni en la historia. No le interesó para nada. ¿Porque era hombre o qué? No sé. A muchos hombres les ha gustado la novela.

Claro. Además Tomochic *está en varias listas doctorales de lecturas y tu libro entra en discusión con éste que muchos de nosotros conocemos. ¿En tu opinión entras en conversación con* Tomochic?

Al principio sí, cuando la investigadora descubre el libro y le violenta la descripción de Teresa. Lee una nota a pie de la página donde dice que fue al exilio y fue perseguida por Porfirio Díaz o algo así. Para ella es contradictoria, la descripción de Teresa que lee, el olvido en el que se le ha puesto y la nota histórica que está a pie de la página. No sé si ustedes leen la misma edición versión que yo tengo, que es de Porrúa, de «Sepan cuantos...». Allí viene esta nota.

En Mujer que publica, mujer pública *dices que no te gusta el estilo de Heriberto Frías. Me gusta ese comentario porque se atreve a reevaluar la literatura canónica.*

Creo que no dije que no me gusta su estilo. No me gusta la descripción que hizo de Teresa. Me violentó porque obviamente yo me proyecto en la investigadora. Todo el viaje de la investigadora fue un viaje que yo de hecho hice.

¿Qué opinas de Tomochic?

Como libro a mí me pareció muy interesante. Yo creo que es una novela de denuncia más que una novela bien estructurada y bien escrita, pero me parece una novela valiosa como novela histórica porque habla de un período de México. Ahora, es una novela de tipo romántico, como tipo del siglo XIX. Entonces no se puede juzgar con los ojos con que leemos la literatura del siglo XX.

Además del interés en Santa Teresa, ¿por qué te atrae trabajar con la historia?

No puedo decir que me atrae trabajar con la historia. Nada más esto se presentó. Yo no sé. A mí este libro me fascinó poder escribirlo. Yo verdaderamente, Emily, pensé que no lo iba a poder escribir. Si leíste el ensayo que está en *Mujer que publica*, yo empecé a pensar en este libro antes de publicar cualquier otro. Hice muchísima investigación sobre la historia del periodo, pero sobre todo sobre el chisme, sobre el ambiente. Hice una investigación en los periódicos más que en libros de historia. Ahora, no necesariamente trabajo con la historia. Yo, en *Once días*, trabajo con una experiencia personal. En *La insólita historia* trabajo con la historia. Hay un tacto de historia, un fondo, pero en un cuento largo que yo tengo que se llama «Trilogía» —no sé si conoces mis cuentos...

¿En Bestiario doméstico*?*

En *Bestiario doméstico*, el último que está en tres partes, de la reescritura del Génesis. Trabajo con el mito; no trabajo con la historia. Yo siempre he dicho que a mí los temas me escogen. No es cuestión de que yo escoja. Puedo estar pensando en cien temas y el ciento uno es el que me pone a escribir. Nunca sentí que decidí escribir con la historia. Pues, Teresa decidió que iba yo a escribir su historia. Ésa fue la razón [por la] que escribí este libro, que me persiguió durante tantos años además.

La relación que tiene Teresa con la tierra, el polvo y la tierra de la hacienda de su padre me hizo pensar en una posible temática ecologista. Después leí que alrededor de ese entonces estabas trabajando con un grupo que se llama PRONATURA. ¿Existe una relación entre todo eso?

Yo no lo había pensado. Si hay una relación es inconsciente otra vez. Obviamente la tierra es un símbolo de la madre, de aquello que nos alimenta y el polvo también, de la muerte, de la transformación. No estaba yo con conciencia ecológica. No es más con conciencia histórica que la investigadora va caminando, cuando va hacia Cabora y empieza a ver los campos que están no trabajados y dice: «Bueno, en esto terminó la revolución de Lauro Aguirre», que es un poco comentario político.

En Mujer que publica, mujer pública, *dices: «Odio las clasificaciones, que me parecen la forma más sutil de dominio patriarcal:*

para controlar hay que clasificar, dizque para comprender, pero no es cierto. Me resisto a las clasificaciones en todo lo que escribo, pero en el 'ensayo' más, y creo que ésta es una característica de gran parte de la literatura femenina mexicana actual» (12). No se me había ocurrido que el ensayo podría ser otra cosa. ¿Es por meter detalles inventados de tu vida personal, quizá?

Mira, en el ensayo cuando escribo invento, pongo detalles personales. Escribo muchas veces no de la objetividad que supuestamente debe tener el ensayista, sino es una subjetividad total. Uso el humor, que no es raro; hay muchos escritores que usan el humor en un ensayo. Pero yo siento nuevamente que es este eclecticismo en donde entra un poco de todo, que puedes inclusive inventar. Tengo un ensayo largo sobre el Río Bravo. Se llama *Voces y rostros del Bravo*. Allí hay partes que yo inventé, cosas que pepenaba y luego desarrollaba. No es que son totalmente de invención. Para mí nada es totalmente la invención. Luego, cuando me piden que escriba yo una autobiografía, pues escojo —es muy pequeña— de *Cuerpo entero*, escojo el tono picaresco, porque puedo también inventar. Puedo transformar la verdad. No tengo que decir tal como fue. Es una cosa que siempre he usado. La raya entre ficción y realidad en mi obra siempre se borra. Esto es la rebeldía porque dio tanto coraje cuando me dijeron que *Once días* no era ficción porque no había inventado nada. En *La insólita* dije: «Ahora sí, a ver si descubren lo que inventé y lo que no inventé».

Y luego lo ponen en un libro de historia. Otra cita interesante de Mujer que publica, mujer pública *es: «Pero cuatro, cinco y aun diez escritoras no conforman una TRADICIÓN. Se necesitan muchas más y varias generaciones seguidas para dejar una base sólida de donde escritoras futuras pueden despegar» (25). ¿Cuándo habrá una tradición? ¿En cuántas generaciones?*

Siento que ahorita hay un corpus. Un corpus es un volumen de obras escritas por mujeres, suficientemente grande para someterse a un estudio que permita, ahora sí, ver por dónde va, quizá clasificar con una clasificación totalmente nueva, decir: «Estas escritoras son más intimistas, éstas van por otro lado, éstas por acá». Y empezar a ver un crecimiento de una evolución en la literatura escrita por mujeres. Una evolución propia que no necesariamente tiene nada que ver o que corre paralelo a la evolución de la tradición literaria masculina. Una vez que tú puedes trazar una evolución y esa evolución se empieza a estudiar, para mí entonces sí existe una tradición. Porque ya estás teniendo escritoras que están tomando de las anteriores y mejorando y creando sobre creación. Entonces ya puede existir una tradición.

Posteriormente puede llegar a desaparecer totalmente la necesidad —para mí— de hablar de literatura masculina y literatura femenina. Nada más que en este momento yo siento que mientras sigamos tratando de prender —como digo en el ensayo— las obras de nosotras en el corpus de la literatura masculina, vamos a seguir perdiendo nuestra obra real. Y no vamos a permitir estudiarse a las mujeres que quizá no son escritoras de primera línea, pero que ofrecen una visión fresca u ofrecen una nueva forma de tratar un tema, por ejemplo lo sería Ángeles Mastretta o lo sería Laura Esquivel que quizá no llegan a hacer la gran literatura, pero que hacen aportaciones bien importantes.

Este tipo de literatura para mí se pierde si lo que hacen es que toman una obra de una mujer y la comparan con Rulfo o con Fuentes o con un autor ya consagrado. Dice: «Ah no, pues es que está tratando de hacer lo mismo pero no lo ha hecho tan bien, y por lo tanto ni siquiera lo vamos a estudiar». Digo: «No manchen». No es posible. Ésa es mi razón de defender a voz en cuello la necesidad de separar la literatura de la mujer, estudiarla en sí y luego compararla con lo que quieras. Pero primero ve lo que es que estamos haciendo. Las buenas, las malas y las mediocres y las sobresalientes.

Si tuvieras que dividir la literatura escrita por mujeres en generaciones, ¿cuántas dirías que hay?

Bueno yo en algún ensayo las dividí en décadas, que quizá no corresponda, ¿no? Toda división es hasta cierto punto arbitraria. Pues más o menos siguiendo las décadas es como uno va viendo el crecimiento de la incorporación de autoras en el mundo de la publicación y la lectura. Entonces tendríamos la generación primera que yo la marco en tiempos de Rosario Castellanos con todas las que estaban incorporadas. Lo interesante es que algunas de ellas sigan escribiendo el día de hoy. Luego tienes la generación de Elena Poniatowska, Inés Arredondo, todas éstas. Luego vienen las más nuevas que son yo, Aline Pettersson y Ángeles Mastretta. Luego Laura Esquivel que inicia los noventa. En fin, hay una transformación y yo creo que ha cambiado mucho la literatura. A partir inclusive de que yo empiezo a escribir en los setentas y mi última novela, que es *La Santa de Cabora*, en los noventas.

Me agrada que te guste tanto Inés Arredondo. A mí también, pero me parece que la crítica, por lo menos la de mi país, no le presta mucha atención a ella. No sé si estarías de acuerdo.

Ninguna crítica le ha prestado mucha atención. Todo el mundo ha dicho que es una excelente escritora, pero realmente no hay estudios profundos sobre su obra. Ahora están apareciendo un poco más. Se había estudiado «Mariana» y «La sunamita», que son además los más escabrosos de sus cuentos, los más melodramáticos. Para mí son los que tienen menos que aportar. En cambio, como el cuento que yo estudio, que es «Olga», me parece que arroja un conocimiento y una mitología propia femenina. Lo dije un día y Juan Vicente me lo brincó y dijo: «Inés Arredondo no era feminista y si tú dices que su literatura es femenina, ella se va a revolcar en su tumba». Pero yo creo que esto además es la verdad de la mayoría de la gente. Creo que lo que pasa con Inés es que [es] una autora muy críptica. Requiere de una gran sensibilidad y cierta cultura para adentrarse en su escritura. Ella simboliza mucho y es muy sutil. No es nada fácil de leer, o de entender por lo menos. Eso es precisamente lo que me fascina de ella: de veras te da dónde agarrar con los dientes y meter en su obra y ver qué son las repeticiones, cuáles son las señales que tiene el texto. Todo este tipo de cosas me encanta.

Otra cosa que escribes en Mujer que publica, mujer pública *es: «Mientras las escritoras sigan considerándose como fenómenos aislados, inmersos en un 'corpus' de literatura masculina, seguirán formando parte de un subgénero, de una moda pasajera, una extraña enfermedad cuyos rastros quedan como deforme apéndices en el sólido cuerpo de la literatura escrita por hombres» (86-87). Ya hablaste de eso, pero me gustaría repetirte el comentario de una amiga mexicana cuando le expliqué mi área de interés en la literatura. Me dijo: «¿Todo eso de las mujeres no es un poco trillado?» ¿Qué opinas?*

Yo diría que si no es trillado lo de hombres que llevan más de tres mil años dominando la cultura. Lo de mujeres no es trillado para nada. Apenas estamos abriendo la olla para descubrir qué son las pobres mujeres. Verdaderamente hemos sido definidas, y hemos vivido

de acuerdo con estereotipos creados por una sociedad «masculini-
zante». Entonces, de repente empezamos a escribir y empezamos a
darnos cuenta que lo que estamos escribiendo no es lo que la realidad nos dijo que iba a ser. Empezamos a escribir otro tipo de mujer,
otra mujer mucho más compleja, mucho menos estereotipada. Por
eso yo acabo de publicar una antología que se titula *A través de los
ojos de ella...*

Sí, es excelente.

...que son los cuentos de mujeres. Mi experiencia no sólo con
hombres, con mujeres también: una colega que había yo incluido su
cuento, cuando le pedía su permiso, ella me dijo que no, que ella no
participaba en guetos femeninos. Podía ser un castillo o un palacio
femenino, ¿por qué un gueto? ¿Por qué es un gueto una antología
donde hay puras mujeres porque yo quiero saber qué dice la mujer
sobre la mujer? De la misma manera, si yo quiero hacer una antología sobre la infancia masculina, pues no voy a escoger cuentos escritos por mujeres porque no han tenido infancias masculinas. Ésa es
una postura que me cuesta trabajo; creo que es una postura defensiva porque nos asusta el cambio. Creo que es una postura defensiva
de personas que han tenido una gran necesidad; si es una mujer, de
la aprobación masculina, necesita que papi les ponga la medalla y si
no, no siente que la medalla vale. El reconocimiento de otra mujer no
es un reconocimiento válido, necesitan el reconocimiento masculino.
Creo que esto es algo que afortunadamente empieza a cambiar. Creo
que mi madre me puede reconocer y es más que válido. «Madre» en
el sentido amplio. Mis «hermanas» me pueden reconocer, en un sentido muy amplio. Mis hermanas literarias, y con eso es válido. Yo
hace mucho [que] dejé de buscar la aprobación masculina, de ser in-
corporada a la literatura masculina, que me premien mi obra. Creo
que lo que he escrito es válido. Si durará en el tiempo o si no durará, eso no lo puedo decir yo. Eso [lo] decide el tiempo. Pues, espero
seguir escribiendo.

*¿Cómo era el proceso de escoger los cuentos para esta antolo-
gía? ¿Eran favoritos personales?*

No. Fue un proceso doble de escogerlos por excelencia y por temática. Como la temática es el ciclo de la vida femenina, entonces
escogí yo cuentos que tenían que ver con la infancia, con la puber-

tad, la adolescencia y todas las etapas del desarrollo del ser humano, en este caso, de *la* ser humana. Acaba de salir un artículo de Federico Patán diciendo ¿por qué no incluí autoras tan importantes como Fulana Mengana y Peregana? Dos de ellas ni siquiera las conocía y la tercera, Eugenia Revueltas, no sabía yo que tenía un libro de cuentos. Pero es obvio que ni están todas las que son, pero sí son todas las que están. [Se ríe.] Pues es una selección y como toda selección no puede ser objetiva. Obviamente son cuentos que a mí me gustan; obviamente son cuentos que al irse hilando tienen un efecto acumulativo en cuanto a una visión nueva de la mujer. ¿Qué es lo que estaba buscando cuando edité el libro? Tengo unas respuestas maravillosas. Una colega me escribió que «ojalá yo hubiera podido leer estos cuentos sobre la maternidad», cuando ella estaba pasando por unos grandes conflictos sobre si ser madre o no. Y que la colega hubiera sabido que otras personas pensaban y tenían esas ambivalencias también. Entonces ésta es mi tirada. Este libro nació de un taller que di con Aralia López González, la proloquista, en Monterrey. El efecto fue tan impresionante que decidí que el libro fue importante. Allí nada más trabajamos dieciséis cuentos. Había como dieciocho personas en el taller, dieciséis mujeres y dos hombres. Realmente fue un taller literario psicoterapéutico porque las mujeres se abrieron. Los hombres también, descubrieron sus partes femeninas. Tuvieron que admitir que se identificaban con las *personajas*. Esto es maravilloso porque tienen que admitir que tienen esa facultad femenina.

¿Hay una comunidad literaria de mujeres en México?

No, yo creo que no. Creo que hay grupos de amigas que se conocen y que se apoyan. Pero lo más maravilloso fue la noche de la presentación de la antología. Éramos diecisiete escritoras en el escenario y muchas de ellas no se conocían. Tienen interés en seguir teniendo contacto. Pero así como las llamadas mafias que forman los escritores, sobre todo los jóvenes, que forman sus talleres y empiezan a trabajar y se empujan unos a otros y adoptan un maestro, pues no se ha dado mucho entre las mujeres. Hay un taller muy bueno, que ha producido escritoras bastante buenas, que es el de Elena Poniatowska. De allí salió Rosa Nissán...

Y Silvia Molina.

Y otra que no me acuerdo...

Mi última pregunta: ¿cuáles son tus futuros proyectos?

En este momento quiero empezar a trabajar con los cuentos que
ya tengo hechos. Tengo lo suficiente para una nueva colección. Hay
una novela... Bueno, no una, varias novelas flotando en el aire, pero
me da miedo decir que voy a escribir tal y tal novela porque ya ves
cómo me pasó con Teresita que tardé diecisiete años. Pues hay muchísimos proyectos por allí. Estoy ahorita dándole vida a una editorial para mujeres. Allí está. [Señala una oficina al lado del *living*.]

¿Tiene nombre?

Ediciones Ariadne. [Se cerró en 2000.] Acaba de republicar mis
libros y publicó mi antología. Hoy estamos en el proceso del crecimiento de la editorial. Absorbe bastante tiempo. Una de las ideas de
esta editorial es rescatar las obras de escritoras mexicanas que están
completamente agotadas. De María Luisa Puga, la mayor parte de
sus novelas no se consiguen hoy en día. Tienes que ir a la biblioteca;
no hay en las librerías. Entonces una de las ideas es republicar las
obras de las escritoras que quieran. Por ejemplo, Amparo Dávila que
es cuentista no tiene una obra muy larga, pero tiene una obra muy sólida y no se consiguen sus libros.

OBRAS DE BRIANDA DOMECQ

CUENTO

Bestiario doméstico. México D. F.: FCE, 1982.

NOVELA

Once días... y algo más. Xalapa: Universidad Veracruzana, 1979.
[México D. F.: Ariadne, 1998.]
La insólita historia de la Santa de Cabora. México D. F.: Planeta,
1990. [México D. F.: Ariadne, 1998.]

ENSAYO

Voces y rostros del Bravo. México D. F.: Jilguero, 1987.
*Mujer que publica, mujer pública: Ensayos sobre literatura femeni-
na. México D. F.: Diana, 1994.*

AUTOBIOGRAFÍA

De cuerpo entero: Brianda Domecq. México D. F.: Coordinación de
Difusión Cultural, Dirección de Literatura, UNAM, Corunda,
1991.

EDICIONES DE ANTOLOGÍAS

Acechando al unicornio: la virginidad en la literatura mexicana.
México D. F.: FCE, 1988.
A través de los ojos de ella. Tomos I y II. Prólogo Aralia López
González. México D. F.: Ariadne, 1999.

Entrevista con Ana García Bergua

¿Por qué usar una voz narrativa masculina en El umbral, Púrpura *y varios cuentos en* El imaginador? *¿Hay ventajas?*

Porque sale así. Tolstoi cuando escribió *Ana Karenenina* no estaría pensando si su narrador o su personaje era mujer.

Es una elección insólita, creo yo. Por lo menos para la literatura que leo de mujeres, usar la voz masculina en dos novelas seguidas y en varios cuentos no es común.

Se me hace más fácil; no sé por qué. Tiene varias respuestas. Una respuesta idealista podría ser que así le revelan a uno los personajes. También puede haber trampa en el hecho de elegir una voz masculina para alejarte de ella y trabajar con un objeto, algo con lo que te involucras menos. Quizá al revés es una dificultad.

Sí. También El umbral *parece jugar con varias ideas de Borges. Por un lado es el opuesto de lo que Borges dice que el azar está por todos lados. El personaje en* El umbral *aprende que el azar no existe. ¿Por qué ese cambio?*

Ésa es una frase de un brujo que se llamaba Eliphas Levi y escribió un tratado de magia en el siglo antepasado. Él decía que la magia era como parte de la vida y tenía una frase que me impresionó mucho y que incorporé en *El umbral*. Decía: «El azar no existe, lo sobrenatural no existe». Es decir, que lo sobrenatural es parte de lo mismo. Y un poco la idea de *El umbral*, y mi idea de la vida en general, es que hay varias dimensiones traspuestas, o cómo se dice, empatadas, puestas en el mismo sitio, lo cual es una idea borgiana. En esa medida nada es sobrenatural, en realidad. Es parte de una misma naturaleza que puede incluir hechos fantásticos, como toda esta tradición anglosajona de los duendes.

Por otro lado mantienes esa temática de Borges de la biblioteca, ¿no?

Sí. Eso me lo criticaron.

¿Por qué?

Por la obviedad de la cita, cosa que admito. Aunque también se puede ver como un homenaje a Borges, el hecho de crear una biblioteca que es un país.

Pero hay un cambio en tu uso de la biblioteca, ¿no? Porque allí hacen sacrificios, literalmente. Háblame de eso.

Sí, y hay animales. Hace poco estaba trabajando en la corrección de un artículo sobre el virreinato que hablaba de las jaulas que tenía el emperador Moctezuma, a las que llamaban incluso «La habitación de las fieras». Los religiosos españoles convirtieron ese palacio de Moctezuma en otro tipo de habitaciones, ese lugar en donde él tenía estanques y zoológicos. Yo creo que tenía todo eso en el subconsciente cuando escribí *El umbral*, porque ayer cuando lo vi dije: «Mira, no estaba tan lejos. En realidad eso estaba allí». De hecho, otra vez es como la transposición de mundos diferentes y en realidad el mundo anterior no desaparece. Y es un poco la idea de la biblioteca. También ésta es la idea de lo que ocurrió con la Coatlicue. Los primeros conquistadores la enterraron porque era una imagen muy aterradora. Luego, como en el siglo XIII, la desenterraron, la vieron y se espantaron tanto que la volvieron a enterrar. Es una historia bien curiosa, de cómo una cultura trata de tapar un mundo, un imaginario que no comprende, pero que allí está. Entonces, en la novela, la idea es que la biblioteca es una especie de construcción positivista. Una cosa que tiene todo el conocimiento, pero en realidad toda esta historia de fieras y de animales y de dioses extraños sigue estando ahí. No se ha ido.

¿Leer es peligroso? Por los sacrificios en la biblioteca te pregunto.

Pues, puede ser. Sí, sí, sí. Sí tiene algo de simbólico, ¿no?

En El umbral *me parece que no hay buenos y malos. No sé si estarías de acuerdo, pero parece que el lado «malo» de Lamine es igual al lado de Julius porque él mata también. Me interesa mucho esa ambigüedad.*

Pues, sí, es una ambigüedad moral. Yo creo que es parte de una educación —yo no recibí una educación propiamente cristiana digamos en el sentido religioso, de ir a la iglesia y eso—. Por otro lado, eso es como una falta de realismo, pues, el mundo no es así. La separación entre buenos y malos es una tradición del melodrama. Se me hace poco interesante. De hecho, con *Púrpura* también me dijeron que no castigué a Artemio, ni lo hice sufrir. Y eso, no tanto por la cosa moral, sino porque la estructura de la novela es totalmente melodramática y ese final no pertenece al género, ¿no?, porque es más cinematográfico. Y sí fue deliberado. Me pareció absurdo castigarlo.

¿Por qué se castigaría a Artemio?

Por la homosexualidad. O por el primo, qué sé yo. Bueno, porque él mismo a lo largo de la novela tiene muchas dudas.

Leí en una entrevista tuya que Púrpura *habla de una tradición del siglo XIX. Pero a la vez insertas una temática muy abierta de la homosexualidad, ¿no? ¿Me puedes hablar de esa mezcla?*

Había mucha burla en lo de abordar la novela del XIX, todas esas novelas de iniciación, del personaje que llegara de la provincia al gran mundo, como en *El rojo y el negro*, o unos personajes de Balzac. Y el gran mundo al final corrompe. Pues, hay un poco de burla en ese sentido y ganas de hacer un personaje tan inocente que de algún modo se salvara.

Junto con esa tradición que mencionas de las otras novelas, tus novelas son mucho más breves. ¿Por qué?

No me salen largas. No puedo echar rollo. Debe ser también el oficio de corrector, en el que uno corta mucho. Yo suelo ser muy autocrítica, muy sintética y entonces no me salen largas las novelas.

¿Cuál es la relación entre la novela Púrpura *y la historia mexicana?*

Yo hice mucha investigación histórica para otros proyectos en el lugar donde trabajaba. Buscaba en periódicos y me gustaba mucho todo el mundo de los años treinta y cuarenta; el México provinciano, pero que a la vez empezaba a ser moderno. Yo quise recrearlo como una escenografía inventada.

¿Cómo sabías cuándo inventar y cuándo tomar de la historia?

Allí utilicé un poco el procedimiento que utilizaba yo de escenógrafa antes: tratar de unificar o de formar una idea de épocas con ciertas claves, ciertos detalles, pero que todo forma parte de una gran fantasía. De hecho, muchos elementos que aparecen son cosas de los treinta y hay cosas de los cuarenta, hasta de los cincuenta. Y sin embargo, eso sí me tiene contenta, porque logré armar un mundo uniforme, que a todo el mundo le recuerda algo. Que no saben ni qué es, pero a todos algo les sugiere. Eso fue muy divertido, buscar cosas como el Sidral Mundet, hasta los coches o el sombrero Stetson.

¿Por qué trabajar con la historia?

Porque tiene mucho de apasionante. Hay una parte de la historia que se rescata poco, sólo como curiosidad. Eso de los anuncios que salen en los periódicos. Si te fijas, si tú ves la sección dominical de un periódico, ves la vida de la gente; ves los monitos, las recetas de las señoras, la vida de sociedad, y aparte están las grandes noticias. Pero hay toda una cotidianeidad muy interesante que en realidad merece ser reelaborada, porque incluso cuando los historiadores la abordan, el resultado suele ser aburrido. A mí me llama mucho la atención y me entra un afán de reconstruir y de hacer y de pensar: «Bueno, ¿cómo vivía esa gente?», y entonces en esa medida me interesa. No en la medida de buscar explicaciones históricas ni determinantes, sino de recrear, simple y sencillamente.

El cuento «El cuadro» en El imaginador *me gustó mucho. ¿Tienes una explicación o es una metáfora?*

Era como una cosa muy de imágenes, muy minimalista. Está el cuadro y están las pequeñas escenas del pintor y está la mujer. Están tantos los contrastes entre los colores. Es como pensando en un cortometraje. Creo que es muy cinematográfico. Es un cuento muy visual y un poco inspirado en Raymond Carver, pues pasa algo allí, pero en realidad es algo que no tiene ni principio ni final y que podría seguir. Es un cuento curioso, ¿no?

Me hizo pensar también en las mujeres en el arte. No sé si tenías esa interpretación, pero quizá ella tuvo que robar el cuadro y todo el mundo pensaba que ella estaba loca.

Sí, pues, lo roba porque... No sé. Como que por un lado la desprecian y algo tiene que hacer, que realmente le pegue a los pintores.

Respecto al cuento «Flor de Pluma (Tragedia kitsch en forma de diario)», lo leí y pensé: «Ay, por fin alguien está dialogando con Aura *de Carlos Fuentes». No sé si estarías de acuerdo.*

Lo leí hace muchos años. No sé si lo tenía en mente, pero puede ser. No sé. ¿Por qué le viste tú que es como *Aura*?

Por el hombre que va a una casa medio extraña y por la mujer vieja y la mujer más joven.

Sí, es una pensión, ¿verdad? A lo mejor. Puede ser.

Tus novelas, además de ser muy breves, no son fragmentadas. Me interesa mucho porque eso les da una estructura muy fluida sin toda la fragmentación que ha estado muy de moda todo este siglo en México.

De hecho, algunos de mis cuentos son así. Los he hecho por fragmentos. Pero no las novelas porque me aburriría mucho. De hecho, *El umbral* sí empezó siendo así. Lo que pasa es que a lo largo de dos, tres reescrituras cobró esa forma. Es que yo creo que no puedo poner artificialmente una forma a un relato. El relato mismo te impone sus leyes y la manera en la que va a estar narrado. Entonces finalmente eso fue lo que funcionó. *Púrpura* es totalmente tradicional en ese sentido, es absolutamente lineal. Incluso, los diálogos al principio estaban mezclados como en las novelas de Saramago. ¿Has visto que no pone puntos? Y de repente en mi obra no tenía sentido. No tenía caso. No añadía nada hacer eso, ni quitaba nada y en realidad ya había una forma establecida de tratar los diálogos. Yo decidí que mejor quería aprenderla y sacarla lo mejor que pudiera. Tengo cierto apego a la tradición cuando me doy cuenta de que la innovación es innecesaria y de que eso no le va a dar nada al libro y no va a decir nada más. De hecho, no sé si has leído William Pescador...

No.

Es una novela que escribió Christopher Domínguez. Es impresionante. A mí lo que me apasionó de esa novela es que en realidad la historia que cuenta es larguísima. Bueno, yo leí una o dos versiones largas de esa novela y la versión concisa que quedó al final, muy condensada, en realidad contiene las novelas largas. Cuando uno lo lee, tiene la impresión de leer una saga. Una saga de cincuenta páginas.

¿Hay ventajas de situar una novela en el D. F.? Porque las dos toman lugar allí.

Es que es mi universo. Sí he viajado, pero no muchísimo. No he vivido en otro lugar. El D. F. tiene esta cosa que no sé si es buena: es una condena y a la vez es lo que nos tiene a todos amarrados porque cada colonia es como un micromundo y en realidad es tan variado; es un mosaico tan alucinante que al escribir una novela no sales de allí.

¿Hay cierto público para tu obra?

No mucho, pero de *Púrpura* sí hubo un poquito más. Sí se agotó una edición, pero bueno, era una edición de mil ejemplares. No es mucho.

Por público yo pensaba en quizá un público específico en cuanto a referirse al D. F.

Quizás no ha habido la novela que revele todos estos mundos que cohabitan en el D. F. que puestos de cierta manera resultan siniestros, causan como rechazos. No sé; falta la novela que universalice el D. F. Yo creo que todavía no se ha escrito esa novela. [*Nota posterior de la autora*: En 2001, *Púrpura* ha sido editada en España, donde busca otro público.]

¿Cuáles son tus proyectos en progreso?

Tengo una novela de fantasmas. Tengo un libro de cuentos, que ya casi está. Ése tengo un cierto tiempo para arreglarlo, pero de hecho los cuentos ya están escritos y necesito trabajarlos. Y dos novelas, una sobre la isla de Clipperton de la que escribía Artemio y ésa de fantasmas que sería una novelita corta y muy barroca.

Me dio la impresión de que la novela que Artemio quiso escribir era novela rosa. ¿Has cambiado el género o haces una parodia de la novela rosa?

Es una parodia de la novela rosa. La tragedia de Clipperton es una tragedia patética. Verdaderamente es patética. Pedí una beca ahora para hacerla. A ver si me la dan. Porque me parece que puede ser muy interesante el tema tratado, no desde el lado periodístico que es como generalmente se ha abordado o un lado muy delirante; la historia del negro y las mujeres en la isla. A mí me interesa mucho el capitán Arnaud. Luego es uno de los personajes más mediocres que he visto en mi vida. Eso me interesa mucho. ¿Cómo es que un ser tan mediocre puede vivir algo tan grande? Me faltó hacerlo. Lo tengo que hacer.

Dijiste en una entrevista que El umbral *se publicó cuando tenías 32 años. ¿Cuándo la empezaste a escribir? ¿Te acuerdas?*

Más o menos debe haber sido por allí de los 25. Sí. Yo creo que tardé mucho en escribirlo. Es lo que más me he tardado en escribir. Hice varias versiones.

¿Eran largas algunas?

No, eran más cortas, pero sobre todo eran más fragmentadas. Como que uní todos los pedazos. Hace poco hice un ejercicio muy interesante porque vino Fernando Cobo, un cineasta español que está interesado en el libro para hacer una película y nos pusimos a escribir el guión. Yo pensé que iba a ser imposible sacarle un guión cinematográfico de eso porque es una historia muy intricada y muy barroca; no tiene la estructura tradicional y es muy anticlimática en algunas partes, pero pues de algún modo la contábamos y la contábamos y la contábamos y me di cuenta de que es una historia que se puede contar por lo menos. Sí, hay eso. Sentí cierta tranquilidad. No sé. Todavía es como un hijo malo. Un hijo raro.

OBRAS DE ANA GARCÍA BERGUA

C<small>UENTO</small>

El imaginador: Relatos. México D. F.: Ediciones Era, 1996.
«La ciudad a oscuras». En: *Una ciudad mejor que ésta: Antología de nuevos narradores mexicanos.* David Miklos (ed.). México D. F.: Tusquets, 1999.
«Reproche a Hortensia». En: *Líneas aéreas.* Eduardo Becerra y Federico Andahzsi. (eds.) Madrid: Lengua de Trapo, 1999.
«La señorita Ortega». En: *Atrapadas en la secundaria.* Mónica Lavín (ed.). México D. F.: Selector, 2000.
«El gourmet poderosísimo» En: *Relatos a la carta: Historias y recetas de cocina.* Francisco Ayala, Tununa Mercado *et al.* (eds.). Madrid: Páginas de Espuma, 2000.
«Novia de azúcar». En: *Día de muertos.* Jorge Volpi (ed.). Barcelona: Plaza & Janés, 2001.
La confianza en los extraños. México D. F.: Debate, 2002.

N<small>OVELA</small>

El umbral: Travels and adventures. México D. F.: Ediciones Era, 1993.
Púrpura. México D. F.: Ediciones Era, 1999.

E<small>NSAYO</small>

Chartier, Roger, Paloma Villegas y Ana García Bergua. *Sociedad y escritura en la edad moderna: La cultura como apropiación.* México D. F.: Instituto Mora, 1995.

L<small>IBROS DE VIAJE</small>

Postales desde el puerto: Instantáneas de Veracruz. México D. F.: CONACULTA, 1997.

E<small>DICIONES DE LIBRO</small>

Twain, Mark . *Las aventuras de Tom Sawyer.* Ana García Bergua (ed.). Madrid: Ediciones SM, 2001.

TRADUCCIONES DE ENSAYOS

Le Roy Ladurie, Emmanuel. *El Carnaval de Romans: de la Candelaria al Miércoles de Ceniza, 1579-1580*. Traducción de Ana García Bergua. México D. F.: Instituto Mora, 1994.

Chartier, Roger. *Sociedad y escritura en la edad moderna: La cultura como apropiación*. Traducción de Ana García Bergua y Paloma Villegas. México D. F.: Instituto Mora, 1995.

Rosanvallon, Pierre. *La consagración del ciudadano: Historia del sufragio universal en Francia*. Traducción de Ana García Bergua. México D. F.: Instituto Mora, 1999.

Entrevista con Mónica Mansour

¿Te sientes mexicana o argentina? ¿Cómo se debe clasificarte?

Yo creo que me tienen que clasificar como mexicana porque, aunque nací en Argentina, llegué a los siete años, toda mi escolaridad es mexicana y todo mi ambiente ha sido siempre mexicano.

Me interesa mucho que manejas la crítica y la teoría literaria también. ¿Cómo afecta a tu poesía, por ejemplo, poder escribir una crítica seria? ¿A la hora de escribir la poesía te cohíbe tu conocimiento crítico un poco?

No, creo que son como dos frecuencias mentales. En un momento estoy pensando en el análisis de otra obra y cuando yo estoy escribiendo no pienso para nada en eso. No interfiere porque estoy completamente en otra onda, en otra frecuencia. Entonces no tiene que ver una cosa con la otra.

¿Cuándo lees tu poesía, a veces estás pensando como crítica?

Eso sería ideal, pero es muy difícil. Es muy difícil porque es casi inevitable volverte a meter en el momento en que lo escribiste, y no se puede tomar distancia como con una obra ajena.

Me interesa mucho la idea de Benedetti que encontré en tu libro sobre la idea de que hay una familia literaria que es de la tradición de Vallejo y luego hay otra que es de la tradición de Neruda. Citas

mucho a Neruda con epígrafes y también citas mucho a Vallejo. ¿Te
encuentras en una de las dos familias? ¿Cómo te clasificas?

Mira, no me puedo clasificar. Me encantaría estar en la familia de
Vallejo porque Vallejo me parece un genio. Pero, pues, no me puedo
clasificar. Yo creo que eso le toca a otros. Pero sí son dos conceptos
de la poesía. Los dos son muy buenos poetas. Lo que han dejado después de ellos, como en legado, son dos actitudes distintas frente a la
poesía.

Se ve una influencia. Es interesante que estudias poetas hombres
o por lo menos yo no encontré estudios tuyos de poetas mujeres.

Tienes razón. Casi no he escrito sobre mujeres. Un día alguien me
lo señaló también. Y, pues, no hay ninguna razón especial. Es porque
tal vez ha habido más poetas hombres publicados. Digo, tenían más
acceso, ¿no? De pronto, el que me interesa, el que me afecta, el que
me llega, ése es el que he estudiado. No por algo especial, sino por la
poesía en sí. Creo que tiene que ver con eso. Estuve a punto de hacer
un estudio de Rosario Castellanos, pero no de las novelas sino de su
poesía. Finalmente no lo hice por circunstancias del trabajo. Ahora sí
se acostumbra mucho [a] especializarse en mujeres, por ejemplo. La
poesía de Rosario me gusta mucho, pero te digo que cuando he estudiado a algún poeta no ha sido porque es hombre o mujer, sino porque por alguna otra circunstancia me gustó. Estudié bastante, hace
mucho, a Nicolás Guillén, por ejemplo. No porque fuera hombre o
mujer, sino porque me interesó mucho el lenguaje de la poesía negra
en español. Y después me interesó la poesía negra en todos los idiomas, pero empecé con esa cosa rítmica, esa habilidad de transformar
el lenguaje verbal en cierto tipo de música. Y el mejor exponente era
Guillén. Entonces, no tiene que ver con mujeres y hombres, ¿me entiendes? Es algo en la obra que me llama la atención.

Me interesa también esa relación entre tu poesía y tu prosa.
Encuentro a veces frases que se comparten. Por ejemplo, «es que
diez horas no bastan» aparece en un poema en Silencios de tierra y
otros árboles *y luego en* Mala memoria. *¿Cómo es esa relación? ¿Es*
consciente cuando robas de un género a otro?

A veces sí, y a veces no. Esa frase en particular sí fue a propósito. Algunas otras no. Por ejemplo, escribo un poema y de pronto

pienso: «Esto se lo plagié a alguien. Me suena conocido». Una vez sentí eso. Y busqué y busqué y releía a todos mis poetas preferidos y nunca encontré ese verso, nunca lo encontré, ¿quién sabe? De pronto ya no sabes qué estás haciendo y a veces te robas a ti mismo. Ésa que dices, esa frase en especial, sí fue a propósito, pero a veces creo que puede haber contagios, ¿no?

Cuando tienes una idea, ¿cómo sabes si debe ser un poema o un cuento? ¿A veces algo empieza como poeta y termina como cuento?

No, yo creo que lo piensas de otra manera, de una manera diferente. Fue una gran discusión que yo tuve con Benedetti. Él dice que en el caso de *El cumpleaños de Juan Ángel*, él lo pensó como novela y le salió poema narrativo o algo así. Yo no creo que eso sea cierto. Bueno, nos reímos mucho porque yo no le creí. En mi opinión, son dos maneras de pensar, así como la crítica y la creación son dos maneras, igual la narrativa y la poesía son dos maneras también.

En cuanto a tu prosa, veo varios temas que se repiten mucho: el suicidio, la locura, los secretos y la persecución. Quisiera hablar un poco del suicidio. Lo veo en El cuerpo y el alma *y también por ejemplo, en el cuento de* «Esos» *de* Mala memoria. *Es un concepto interesante. No sé si me puedes hablar de cómo entiendes el suicidio o por qué te interesa tanto.*

Yo creo que es una cosa muy personal. Estuve bastante enamorada de la idea del suicidio durante muchos años. Tuve que luchar contra ella hasta que terminé con ella cuando tuve hijos. Pero era la gran tentación. Era algo muy maravilloso; la muerte puede ser el amante perfecto. Ahora entiendo que se necesita mucha valentía para suicidarse o mucha locura o mucha desesperación. Pero la verdad es que es una fascinación, es como una meta posible. Si quieres, es una locura, pero sí, sí es posible y desde luego que no soy la única que lo ha pensado así. Tal vez por eso he escrito sobre el suicidio.

Qué interesante que al tener hijos el tema o la obsesión desapareció, porque tus hijos no aparecen en tu literatura.

Aparecen un poquito. Justo en *Mala memoria* hay un cuento que tiene que ver con mi hija, uno que se llama «Las nubes», creo. Es de una niña que quiere que le compren un caballo. Por allí en algunos poemas sueltos... Cuando tienes hijos no puedes suicidarte. No puedes hacerles eso a tus hijos. No sólo es una falta de responsabilidad, sino una falta de respeto. ¿Los niños qué culpa tienen? Para un niño, tener una madre suicidada es terrible. Entonces, pues, luché mucho porque era la gran tentación y de pronto dije: «No puedo, no puedo hacerlo aunque quiera».

Me sorprende que tienes hijos. No me lo hubiera imaginado porque no aparece una perspectiva materna.

Tengo tres hijos maravillosos y me llevo divinamente con ellos. Somos muy cercanos.

Pero desde la perspectiva literaria, o sea cuando tienes un cuento que quieres narrar, parece que esta perspectiva materna no sirve como energía.

No sé si de pronto he escrito alguna cosa y no la he publicado porque sale muy cursi. Yo no sé. Es posible, ¿no? No me acuerdo bien, pero tal vez esa parte se me convierte en energía literaria y no en tema; hay cosas que no se vuelven literatura sino nada más siguen siendo vida. Es posible, ¿no? Yo no me había fijado. Tú me dices estas cosas, pero yo no las había pensado.

En cuanto a la locura, me interesa mucho La frágil cordura. *Porque tienes muchos —a lo mejor, si lo pienso bien, quizá todos—, pero muchos cuentos en donde la locura depende de la interpretación y la realidad que quieren dar los personajes. Entonces, como que pueden tomar una decisión. ¿Van a volverse locos o van a confrontar una situación extraordinaria?*

Hay muchos tipos de locura, ¿no? Es fascinante y también terrible. Claro que la locura son muchas cosas. Puede ser la locura real que es muy angustiosa y muy terrible. Pero también hay pequeñas locuras simpáticas, y luego hay lo que la sociedad llama locura nada más porque no se conforma a sus normas, ¿no? Entonces, son muchas interpretaciones de esa misma palabra. Ese libro es jugar un poco con varias ideas de locura y grados de locura, porque sí hay una locura muy terrible pero también hay pequeñas cositas, cosas que yo no considero locura pero otros sí. Esa palabra que es una de las que se utiliza con muchos sentidos según el punto de vista.

Y los secretos. En Mala memoria hay varios cuentos que tratan de un secreto que la protagonista o la voz narrativa no ha revelado, pero sin embargo allí está, en el cuento. Es interesante tratar a la literatura como confesión. No sé si lo habías pensado así o ¿por qué ese interés?

Yo creo que uno siempre tiene secretos. No me gusta mucho la literatura como confesión, a menos que tenga un misterio o que tenga algún otro chiste, pero como un diario no; no se trata de eso. Pero no lo había pensando. Me haces pensar en muchas cosas. Cuando uno está escribiendo a veces no se lo propone. Lo que sí recuerdo es que a veces se trata de no revelar el secreto que impulsa el cuento. Y a ver si se logra como una cosa literaria en ese sentido.

De allí podría venir mucha de la ambigüedad que manejas.

Eso sí es a propósito.

Y la persecución. Por ejemplo en Mala memoria, «Acuartelado», o en La frágil cordura hay un cuento de terror, «Salvador de Bahía». O está el ejemplo de «Terreno menos pisado», que yo creía que iba a ser de Argentina y resultó que es en México.

Es México, que ha tenido épocas muy terribles. El 68 fue una de ellas. Mucho más terrible en México, por ejemplo, que París en 68. En México fue mucho más brutal, más violento, mucho más cruel. Aparte de ser un movimiento social, cultural, político, todo eso se manejó con mucha más violencia. Hubo miles de muertos. México ha tenido épocas muy ocultas internacionalmente, pero muy violentas. Entonces, bueno, no es Argentina, no es Chile, no son esas dictaduras, pero como hemos tenido dictaduras disimuladas, las cosas que suceden en las dictaduras también han sucedido aquí. Apenas ahora se están abriendo algunos archivos de la llamada «guerra sucia», pero yo soy muy pesimista respecto de la justicia. Los peces gordos parecen seguir siendo intocables.

Esa percepción sexual en «Acuartelado» y en «Salvador de Bahía», ¿de dónde sale todo esto? Y, ¿por qué te interesa?

Esos dos cuentos que mencionas se basaron en un incidente real. Es una mezcla de lo que puede ser justamente la paranoia que lleva a la locura, o sea, el proceso mental que te puede llevar de la angustia a la locura. Entonces, se trataba de recrear, digamos, algo así. No sé si está logrado. Por lo general, tenemos un concepto de lo sexual como algo amable, apasionante, emocionante, siempre positivo. Pero esos dos incidentes se refieren al uso de la sexualidad como un acoso o una agresión.

Cuerpo y alma se refiere a la historia, pero mucha de la literatura mexicana que habla de la historia lo hace de la historia mexicana, y tú hablas de la historia de los Estados Unidos. Eso me parece una opción muy interesante. ¿Por qué los Estados Unidos?

Bueno, lo que pasa es que yo creo, como algunos escritores, que uno no puede escribir sino de lo que ha vivido. Debes conocer el contexto para después inventar lo que quieras. Yo estuve en Estados Unidos. Estuve estudiando allí unos años, justo en esa época de los años sesenta. Entonces, la novela tiene que ver, entre otras cosas, con la creación de un sistema de valores nuevo en contra de otros sistemas de valores. Como yo estuve allí, lo vi y lo viví. Además es muy interesante, porque allí se empezaban a crear muchas cosas de contracultura y la cultura subterránea. Yo estaba en una edad muy vulnerable metida allí y la contracultura concordaba perfectamente con mis principios en contra de la hipocresía de la sociedad que nos rodeaba. Entonces, se trataba de hablar de cómo se crea un sistema de valores para toda una generación. O más generaciones, más de una. Digamos que el punto de partida es real. Yo estuve allí. En la novela, pasan cosas reales e irreales y lo que quieras, pero el punto de partida sí es un contexto real.

En cuerpo y alma leemos unos pensamientos íntimos dirigidos a un «tú» de quien nunca aprendemos mucho.

El tú de la novela *En cuerpo y alma* es un interlocutor que es, a la vez, varios personajes diferentes y cumple distintos papeles, sobre todo de amigo y amante. También hay un uso de «ellos» que son «los otros,» por lo general, los que eran —y querían ser— ajenos a los que estaban cambiando en esa época.

Esa protagonista en la novela ya parece una mujer liberada. Si pensara en ese libro sin haberlo leído, creería que se trata de una mujer tratando de liberarse. Pero empiezas con una protagonista que no tiene ni un problema al tener sexo fuera del matrimonio. Se me hace muy interesante que tu punto de partida salte todo el problema de las mujeres en más o menos esa época.

No, no estoy de acuerdo porque si hubieras vivido en esa época, habrías visto cómo era. Todas y todos estábamos en una situación de una brecha generacional real. Veníamos de familias muy monas, buenas, malas, lo que tú quieras, y todos en un sistema de valores muy hipócrita. Me acuerdo porque acabo de volver a ver en televisión la película ésa *Splendour in the Grass*, ¿nunca la has visto? Fue como de fines de los cincuenta, principios de los sesenta y justamente ése es el problema. Es una muchacha que se vuelve loca y que viene de una familia que la quiere mucho, que la cuida, pero que nunca se quiere enfrentar a la realidad. La familia ve la realidad como la quiere ver, y lo demás no existe. Yo creo que todos los de mi generación veníamos de familias así, tal vez con alguna excepción, pero la mayoría sí. Todos teníamos una base teórica diferente, porque te enseñaban unos principios y actuaban exactamente al contrario. Entonces, tú te podías quedar con esa ambigüedad o con las apariencias o con las teorías. Muchos de esa generación teníamos la teoría y la queríamos poner en práctica, porque estábamos de acuerdo con los principios. Para esa generación no es tan anormal lo que tú leíste, ¿me entiendes? Llegábamos con las bases de tratar de resolver las contradicciones y una integridad que no existía en el sistema de valores predominante y que nosotros pretendíamos utilizar para nuestras propias vidas. Esa generación fue muy importante por eso; después han sucedido muchas cosas. Pero en aquel momento se sentaron algunas bases nuevas y valores nuevos.

¿Qué hemos aprendido de esa generación de jóvenes rebeldes de los años sesenta?

Las lecciones principales fueron, en primer lugar, la lucha contra una hipocresía secular normativa que era incoherente con las prácticas cotidianas de vida. En segundo lugar, el respeto —no la tolerancia— de distintos modos de vivir, de pensar, de valorar. Digo que no era tolerancia, porque esta palabra es despectiva: implica que alguien «superior» condesciende a aguantar a los demás; lo importante es el respeto mutuo, cosa que existe muy poco en nuestro mundo. El racismo se ha vuelto a manifestar abierta y violentamente. En Estados Unidos ha sucedido un fenómeno extrañísimo en los últimos años: la discriminación se está combatiendo sólo con el lenguaje, de modo que —según algunos— hay palabras prohibidas. Por ejemplo, se han convertido en insulto las palabras gordo, negro, indio y muchas otras; si siguen así, se eliminará la mayoría de los nombres de las cosas y el lenguaje será construido sólo con perífrasis, de manera que perderá su función principal que es la de comunicar. Tal vez hay que volver a nombrar el mundo como en el momento de su creación.

La gran diferencia entre los años sesenta y la época actual es que entonces teníamos ideales y creíamos realmente que, si luchábamos por ellos, lograríamos ponerlos en práctica; y así fue. Ahora, la sensación de impotencia se hace cada vez más presente, como una gigantesca y oscura nube opresiva; es importante señalar que, aunque la globalización del neoliberalismo es verdaderamente muy poderosa, la creación de esta idea de impotencia entre la población general es una estrategia muy eficaz de control político, y no es la primera vez que se usa: es una técnica despótica.

Me interesa que en tu poesía, en los cuentos y obviamente en esa novela, se trata de amantes más que esposos. ¿Por qué ese esquivo del conflicto entre esposos? ¿Por qué te interesa un enfoque en las relaciones fuera de la burocracia o las leyes.

Las buenas relaciones, con o sin papel oficial, son de amor y de amantes. No es que me interesen las relaciones fuera de la burocracia o las leyes, como dices. Más bien, eso es lo de menos; lo importante es la calidad de la relación. Por ejemplo, yo creo que la parte buena de mi experiencia matrimonial fue como si hubiera sido una de amantes. Y la parte mala, ni la quise escribir. Cuando lo intenté, era más bien como un diario; había mucho rencor, de pronto coraje. No me salió como para ser una novela. (Que, por cierto, mi ex marido de hace veinte años es muy amigo mío ahora.) Nunca logré escribir sobre eso, aunque lo intenté. No me salía bien. Tal vez estaba demasiado dolida en ese momento. Ahora estoy escribiendo otra cosa y ya no se me antoja. Ya no tengo ganas de escribir del matrimonio. Que escriba otra persona. Cuando tuve el impulso no salió como literatura. Nunca quise publicarlo ni nada.

Pero sí puedes manejar la experiencia de ser estudiante en los Estados Unidos como novela en Cuerpo y alma.

No sé. Tú dime. Tú ya la leíste. [Se ríe.] Yo la escribí muchos años después, muchos. Y por ejemplo, no sé si conoces mi último libro, que fue del año pasado, de poesía. Son como dos libros en uno. Uno es un poema largo compuesto de muchos poemas sobre la muerte de mi hermana. Logré escribirlo nueve años después. A veces, cuando tienes muy adentro algo, no lo puedes sacar. No sale. Tal vez con el matrimonio me pasó eso, nada más que con los años se me quitaron las ganas de escribir sobre eso. [Se ríe.] También sucede. Te digo, estoy escribiendo otra cosa y no tiene nada que ver con el matrimonio. Tampoco con los hijos.

¿Y cuál es ese proyecto?

Es que también siempre me ha gustado y ahora me he dedicado hace unos años a remodelar casas. Construir o remodelar. Me encanta la arquitectura pero no soy arquitecta. Entonces voy a escribir un libro sobre casas.

¿De ficción?

De todo. Es como todo mezclado. A ver qué sale.

Muy posmoderno.

Sí. Exacto. Porque esa palabra abarca todo.

Mi última pregunta sería sobre tus influencias. No sé si hay mujeres mexicanas, por ejemplo, o gente que lees, amistades que tienes que afectan tu literatura.

Ay, a mí esa pregunta siempre me ha costado mucho trabajo. Ya ves que cuando hablo de otros escritores tampoco la incluyo. Nunca. Porque yo creo que todo lo que lees y todo lo que vives es una influencia. Entonces, si leo algo que me encanta, bueno, ya subrayé no sé qué... Si leo algo que me choca, también es una influencia para nunca hacer algo así. Yo creo que todo te va como influyendo y se va como mezclando y luego sale otra cosa a través del filtro de uno mismo. Entonces, decir que tengo un modelo específico, pues no. Ojalá pudiera escribir como algún poeta que me encanta, y aparte de Vallejo, es T. S. Eliot. Me encanta. Ya quisiera yo escribir como Eliot. Pero no. No puedo decir ni que es mi modelo ni que hay una influencia. Ojalá la hubiera. Yo creo que más bien las influencias son todo: tu manera de vivir, tu manera de leer, todo. No te puedo decir así algo especial.

Las otras escritoras me dicen que no hay una mafia de escritoras mexicanas, que todas escriben. ¿Tienes amistades, tienes un círculo? ¿O eres independiente?

No. Totalmente independiente. Es cierto que no hay mafias. Hay de hombres, pero no de mujeres. Hasta donde yo sé. Y, desde luego, tengo amigas escritoras, muy buenas, pero mi círculo más íntimo de amistades no tiene nada que ver directamente con el oficio. Mis amigos tienen todo tipo de oficios. No pertenezco a *un* círculo específico de escritores. Pertenecer a una mafia de mujeres, no, porque creo que no hay y porque creo que una mafia implica un precio que no estoy dispuesta a pagar. En revistas de grupos específicos de mujeres colaboro cuando me lo piden, pero también colaboro en otras.

OBRAS DE MÓNICA MANSOUR

Poesía

Silencios de tierra y otros árboles. México D. F.: Ediciones de la
   Máquina de Escribir, 1981.
Desnudo (aguafuerte). México D. F.: Entre Líneas, 1982.
Con la vida al hombro. México D. F.: Editorial Katún, 1985.
Atajos y vericuetos. México D. F.: ISSSTE, 2000.
Poema para Silvia: Nómada de mí. México D. F.: Ediciones del
   Ermitaño, 2000.

Cuento

Mala memoria. Oaxaca: Oasis, 1984.
La frágil cordura. México D. F.: Coordinación de Difusión Cultural,
   Dirección de Literatura, UNAM, 1996.

Novela

En cuerpo y alma. México D. F.: Planeta, 1991.

Traducción de literatura infantil y juvenil

Doherty, Berlie. *Encantacorino.* Traducción de Mónica Mansour.
   México D. F.: FCE, 1992.
Kelly, Chris. *La guerra del Covent Garden.* Traducción de Mónica
   Mansour. México D. F.: FCE, 1993.
Sharpe, Susan y Joel Rendón. *La búsqueda del espíritu.* Traducción
   de Mónica Mansour. México D. F.: FCE, 1994.
Machado Ana María y Bruno González. *Un pajarito me contó.*
   Traducción de Mónica Mansour. México D. F.: FCE, 1995.

Ensayo

La poesía negrista. México D. F.: Ediciones Era, 1973.
*Análisis textual e intelectual «Elegía a Jesús Menéndez» de Nicolás
   Guillén.* México D. F.: Facultad de Filosofía y Letras, Colegio de
   Letras, UNAM, 1980.
Efraín Huerta: Absoluto amor. Guanajuato: Gobierno del Estado de
   Guanajuato, 1984.

Uno es el poeta: Jaime Sabines y sus críticos. México D. F.: SEP, 1985.

Los mundos de Palinuro. Xalapa: Centro de Investigaciones Lingüístico-Literarias, Instituto de Investigaciones Humanísticas, 1986.

Ensayos sobre poesía. México D. F.: Coordinación de Humanidades, Dirección General de Publicaciones, UNAM, 1993.

LIBROS DE VIAJE

Puga, María Luisa y Mónica Mansour. *Itinerario de palabras*. México D. F.: Folios Ediciones, 1987.

TRADUCCIONES DE ENSAYOS

Lassonde, Louise. *Los desafíos de la demografía: ¿Qué calidad de vida habrá en el siglo XXI?* Traducción de Mónica Mansour. México D. F.: UNAM/FCE, 1997.

Martel, Émile. *Para orquesta y poeta solo*. Traducción de Mónica Mansour. México D. F.: UNAM, 1999.

TRADUCCIONES DE POESÍA

Daumal, René. *El contracielo*. Traducción de Mónica Mansour. México D. F.: Aldus, 2000.

Brossard, Nicole. *Vertige de l'avant-scène: Vértigo del proscenio*. Traducción de Mónica Mansour. México D. F. / Trois-Rivières. Québec: Ediciones El Tucán de Virginia / Écrits des Forges, 2000.

EDICIONES DE LIBROS

González, José Luis y Mónica Mansour (eds.). *Poesía negra de América*. México, D. F.: Ediciones Era, 1976.

Benedetti, Mario. *Tuya, mía, de otros: La poesía coloquial de Mario Benedetti*. Mónica Mansour (ed.). México D. F.: Instituto de Investigaciones Filológicas, UNAM, 1979.

Pellicer, Carlos. *Poemas*. Mónica Mansour (ed.). México D. F.: Promexa Editores, 1979.

Cardoso Onelio, Jorge. *Cuentos*. Mónica Mansour (ed.). México D. F.: Coordinación de Difusión Cultural, Dirección de Literatura, UNAM, 1992.

Entrevista con Ángeles Mastretta

¿Por qué te interesa trabajar con la historia?

Lo que me interesa de la historia es conocerla y luego recontarla. Hay dos cosas que me conmueven en mi relación con la historia. Una es que yo creo que involucro la historia en mis historias porque yo necesito saber de qué se trataba. Me empiezo a dar cuenta de que a mí me hace falta; para la historia me hace falta saber cómo era el mundo alrededor. Para mi pequeña historia digamos, yo necesito saber ¿esa historia en dónde está? Eso para propósitos de la novela, para acompañarla. Después para mí, yo creo que estudiamos muy mal la historia. En general cuando uno aprende cosas, que es en la época en la que va al colegio, tiene poco interés en eso que después va a resultar tan importante. No te fijas. Te enseñan la historia a los quince años y a los diecisiete, y a los diecisiete o los quince años estás mucho más interesado en otras cosas y no en los matices y en la intensidad de la historia de tu país, por ejemplo. Entonces, yo he aprendido mucho escribiendo porque a la hora de escribir he tenido que indagar, he tenido que conocer. Me he contestado muchísimas preguntas que no me hubiera contestado de otro modo y para completar la idea, me he hecho muchas preguntas que no me hubiera hecho de otro modo.

¿Por ejemplo?

Por ejemplo, ¿quiénes eran los verdaderos héroes durante la Revolución? ¿Por qué son los héroes que convertimos en estatuas o en mitos los únicos héroes? o ¿fueron los mejores? ¿Cómo era la vida de la gente común y corriente? ¿Cómo era la vida de quienes que no pasaron a las estatuas? ¿Cómo sufrieron las guerras? ¿Cómo entendieron su país? ¿Qué les pasaba? Yo oí mucho hablar a los viejos de cosas que pasaban durante la Revolución y pasaban como en tiempos de paz. Por ejemplo: «Ese baile fue en la época de la Revolución». Pues si estaba la Revolución, ¿cómo había un baile? Uno se imagina que no hay bailes en mitad de la guerra. Entonces, aprendí que la Revolución fue una guerra de guerrillas, que no estaba todo el tiempo la guerra en todas partes.

Una de las maneras de escribir nueva novela histórica es hacer convivir a los personajes del presente con los del pasado, pero lo que tú haces es escribir personajes anacrónicos. Por ejemplo, en Mujeres de ojos grandes *o* Mal de amores *tienes mujeres feministas que quizá retan una época que no era muy feminista.*

Claro, pero yo creo que es deliberado esto. Eso es una actitud deliberada. No es que no sepa yo que eso no abundaba. Ya sé que eso no abundaba, pero yo lo que sí creo es que existía. Lo que pasa es que no era público. Que había —y eso pasa mucho en *Mujeres de ojos grandes*— ... Todas estas mujeres tienen vidas mucho más complejas y autónomas, toman muchas más decisiones y son más libres de lo que las mujeres de su medio eran, pero si uno las hubiera visto de lejos tampoco hubiera sabido que eso existía. Todas estas actividades, todos sus actos de libertad no eran públicos, no necesariamente. Los de Milagros Veytia, por ejemplo, sí. Las mujeres de *Mal de amores* son también anacrónicas porque la mayoría de las mujeres no eran como esas mujeres, pero lo que yo creo es que nosotros, estas generaciones nuestras que van y vienen de una universidad a otra, que deciden su destino, que se enamoran varias veces durante su vida, no salimos por generación espontánea. Antes hubo alguien que hizo el trabajo, que también pasó por esto, que fue pasando por más o menos miedo, más o menos audacia y más o menos éxito —muchas veces, menos—. Pero tiene que haber habido fundadoras. Lo que sucede, claro, [es que] como en mis libros suelen estar demasiado juntas, parece que así fueran todas. Esto no quiere decir que yo no sepa su condición de excepcionales. Ése es el chiste; yo quise que fueran excepcionales y son en cierto modo anacrónicas, pero son un homenaje al esfuerzo que muchas otras mujeres tienen que haber hecho, al esfuerzo anónimo de nuestras antepasadas.

A mí me interesa mucho porque lo veo como una manera de insertar nueva vida en la novela histórica. No era una crítica para nada.

No. Ya lo sé. Yo creo que sí tienes razón. Además, normalmente, si tú ves, no solamente es que la historia esté escrita por hombres, sino que uno se pregunta cuando lee libros de historia dónde estaban las mujeres. Casi no aparecen. Aparecen como grupos sociales, pero no aparecen como individuos. Muy pocas veces y por razones familiares como en el caso de Carmen Serdán, pero mujeres había. Hemos empezado a saber que había mujeres. Lo que pasa es que eran los ángeles del mimeógrafo de esa época. No tenían papeles protagónicos.

¿Por qué trabajas con el mini-cuento en Mujeres de ojos grandes? *¿Hay influencias? ¿Has leído a Alejandra Pizarnik?*

No en realidad. No sé cómo llegué a eso. No sé por qué influencias. A uno le cuesta mucho trabajo saber quiénes son sus influencias. Yo creo que eso nada más lo fantaseamos. Lo que a mí me pasa cuando me preguntan quiénes son mis influencias, lo que hago es decir quiénes son mis preferencias y no necesariamente son mis influencias. Eso uno no lo sabe, casi como cuando te preguntan: «¿Tú como quién hablas: como tu mamá, tu papá, tu hermana?» ¿Quién sabe? Hablas como todos juntos. Yo quería en *Mujeres de ojos grandes* encontrar a cada mujer, a cada una de estas mujeres, en un momento clave de su vida. Por eso tenía que ser un momento muy breve. Eran como fotos. A veces me arrepiento porque me costó mucho trabajo encontrar mujeres —por ejemplo, había que construirlas—. Había que ponerles ojos y boca y espalda y novios y casa y ropa y modo de ser y duraban cinco páginas. Lo que me pasaba es después, entre una historia y otra yo me quedaba vacía. No escribí ese libro de un tirón porque había temporadas en que me quedaba sin saber qué hacer.

*¿*Arráncame la vida *era un contraste consciente con la novela de la Revolución Mexicana?*

La verdad es que no sé qué tan consciente, pero sí yo había leído mucha novela de la Revolución Mexicana antes de escribir *Arráncame la vida*.

¿Cómo cuáles novelas?

Había leído todo Martín Luis Guzmán, había leído a Mariano Azuela, había leído a Agustín Yáñez, había leído a Nellie Campobello. Y después fui muy marcada por Fuentes y por Rulfo, aunque es tan ambicioso decir que Rulfo te marcó... pero lo que pasa es que a todos nos marca un poco.

¿Por qué crees que Arráncame la vida *tuvo tanto éxito?*

Fíjate que no sé y a veces pienso: «Qué bueno que no sé». Si supiera podría haber caído en la tentación de buscar repetir: repetir el juego, repetir la historia o repetir el tono. Yo creo que *Arráncame la vida...* Lo que veo en nosotros que hace es que es muy cercana. No sé si eso se deba a la primera persona, ya que es una primera persona muy accesible. Es una primera persona que cuenta como si estuviera hablando. Lo que pasa es que está escrito para que parezca que está hablando. Ésa puede ser una de las razones. La otra, yo creo, es que a la gente le hace falta reírse y desafiar. Yo creo que ésas son dos cosas que hace Catalina Ascencio muy bien. Yo creo que Catalina tiene un gran sentido del humor. Empieza por reírse de sí misma; es implacable, y ya no se diga con los demás. Pero con ella es implacable también. Tiene mucha gracia. Yo creo que el personaje está tocado por la gracia y es muy entregado. A la gente le encanta que la gente le cuente su intimidad. Así es como está hecho. Yo no me... La verdad es que yo llegué allí, no digo que por casualidad, porque en general todo es por casualidad, todo está regido, que diría Borges, por el «vago azar», pero también por las precisas leyes. ¿Quién sabe a qué se debe?

Yo quería contar la historia, cuando escribí *Arráncame la vida*, del cacique. Yo quería contar la historia de Andrés Ascencio. Quería contar la historia de cómo un hombre pudo ser tan arbitrario y cómo su poder pudo permear tanto un mundo. Cuando yo nací, ya se había muerto el personaje que después yo convertí en Andrés Ascencio y que era Maximino Ávila Camacho. Cuando yo tenía diez años, ya hacía doce o trece que se había muerto, y sin embargo la gente bajaba la voz para hablar de él. Cuando yo empecé a preguntar por él para poder escribir el libro, o sea, 25 años después de que se había muerto, la gente bajaba la voz para hablar de él. Yo quería contar la historia de este cacique porque muchos de los modos de hacer política y de no hacer política, mucho del desprecio de las clases ricas y medias en Puebla por la política viene de esa época en que se generalizó la idea de que hacer política era ser corrupto, y peor que corrupto, ser asesino y arbitrario. Ese parentesco deformó para siempre los modos de hacer política. Para siempre quiero decir, para siempre en mi vida. Todo el tiempo que viví en Puebla y a la fecha no acaba de ser fácil hacer política para la gente de Puebla. No acaba de ser considerada una actividad limpia, que puede ser generosa. No acaba de ser reconocida del todo como una profesión de servicio. Está marcada con muchísima fuerza por los modos de Maximino. A mí me interesaba muchísimo entender ese personaje. Yo lo que quería era contar este personaje.

Cuando empecé a indagar quién era y cómo era, me empecé a dar cuenta que no iba yo a poder con él, porque yo no soy historiadora. No quería hacer historia. Quería un personaje tan completo como yo pudiera, pero no necesariamente verídico. Empecé a oír historias desproporcionadas, inauditas, maravillosas, terribles, de todo. Pero ninguna yo estaba segura de que fuera cierta. Entonces yo no podía contar como historia. Las podía contar como novela. La voz de un narrador en tercera persona no me servía. Yo decía: «¿Quién puede?» Porque una voz en tercera persona es más omnipotente, sabe más de todo. Yo quería encontrar una voz narrativa que supiera cosas y no las supiera. Que se pudiera engañar respecto a quién era este hombre. Que pudiera saber con gran precisión algunas cosas y desconocer otras. Entonces dije: «La voz puede ser la esposa». La voz que cuenta esta historia es la mujer y así sabe algunas cosas y no sabe otras, y de algunas cosas está muy cerca y de otras muy lejos. Unas las cree y otras no. Puedo dar muy de cerca lo que yo me imagino qué era la vida interior y los modos domésticos de este hombre del cual no sabía yo nada. Por eso cuando me dicen: «Tu novela es sobre Maximino», yo digo: «No, no es». Hay algunas cosas que fueron de él, pero el personaje no es él. Yo inventé a Catalina Ascencio y lo que me pasó fue que la voz que cuenta la historia me ganó. La historia que cuenta esta voz se acabó volviendo más importante que la voz del cacique. La historia de Catalina se acabó volviendo más importante que la historia de Andrés Ascencio. No lo lamentó. Me divertí mucho haciéndolo, pero tampoco partí de eso. Llegué a eso.

El tema del amor es muy común en tu ficción —o el desamor en Ninguna eternidad como la mía—. ¿Por qué te interesa tanto ese tema de amor?

Creo que cada quien pone el absoluto en cosas distintas. Hay gente —yo digo que privilegiada— que encuentra el absoluto en Dios. No ha sido mi caso. Yo sí tengo puesto lo absoluto en los otros. Allí es donde lo busco, pero no siempre lo encuentro. Creo que en las varias riquezas de quienes me rodean está algo parecido al absoluto. Creo que muchas veces esa relación de amar o desamar puede tener cosas parecidas a la religión. Entonces yo a lo mejor pongo de más en eso y sí, acaban siendo las historias de amor o desamor prioritarias en mis libros. Hay gente a la que, por ejemplo, las relaciones, la política o ¿cómo le dijo Borges a la política?, ¿esa forma de adulterio?

El amor puede ser como una manera de buscar el absoluto en los otros. Como una manera de dar con el absoluto. Sí creo que uno se va haciendo de sus obsesiones en la vida. Antes me costaba mucho trabajo, casi diría que no me gustaba, no quería yo asumir que eso me pasaba porque el amor siempre parece ser una forma menor de los sentimientos o de las relaciones entre hombres y mujeres, entre hombres y hombres o entre mujeres y mujeres. Es como una cosa que allí está y que es inevitable, pero como ¿qué más da? Cuando uno lo vuelve lo más importante, corre riesgos grandísimos porque corre, continuamente juega. Por ejemplo, si alguien juega y usa el amor constantemente es un melodrama. Entonces, corre el riesgo de pasar por allí.

Todas las novelas de amor son vistas como novelas rosas y por lo tanto menores. A lo mejor también por eso las hago cruzar por la historia, porque lo que quiero que conste es que estas historias no son menores y acaban teniendo en la vida de cada preciso ser humano el mismo peso o más que el mundo en que vive y el de la sociedad y el de las reglas de la sociedad. Lo que pasa es que antes no hubo gente que entrevistara a Jane Austen ni a Stendahl, para poner dos ejemplos vanidosos. No es que quiera compararme con ellos, pero quiero pensar que ellos también tuvieron todo el tiempo el amor como tema central. Pero entonces no estaba mal visto.

Noto cierta ambivalencia sobre el matrimonio en tu obra. Por ejemplo, en los ensayos creo que te refieres a tu esposo como «el señor de la casa» o «el lector de periódicos», lo cual muestra mucha distancia. También en Mal de amores *Emilia tiene problemas románticos al enamorarse de dos hombres. En* Arráncame la vida, *el matrimonio es un desastre. ¿Tienes cierta ambivalencia sobre el matrimonio?*

Sí, yo creo que hay una enorme ambivalencia y no creo que nada más para mí. Yo creo que es una ambivalencia que está en el aire del tiempo en que vivimos. La verdad es que estamos asidos a la pareja única e irrepetible y de por vida como un —no quiero llamarlo mito, al mismo tiempo como un símbolo— como un asidero. No hemos encontrado otras formas de convivencia mejores, pero eso no quiere decir que estos nos parezcan siempre felices. Si yo me remito a mi vida personal y digo: «La quiero así», así la quiero. Hace veinte años que vivo con el mismo señor, pero nunca me he casado con él. Más de veinte años, como veintidós. Dice Catalina, mi hija: «¿Por qué tú no te casaste?» Y le digo: «Porque no se usaba». Y me dice: «¿Cómo no se va a usar si mi tío se casó en la misma época en la que tú no te casaste?» Entonces le digo: «No se usaba en el lugar donde yo estaba».

En mi precioso cronotopo, en el espacio y el tiempo en donde yo vivía, en la facultad de Ciencias Políticas en la UNAM, uno no se casaba. No he logrado que entienda del todo, pero bueno ya por lo menos asumió que así va a ser. Yo creo que a lo mejor tendría que ser más fácil, pero no es. Me intriga muchísimo. No sabes cuánto me intriga. Dicen mis amigas que una buena parte de mi tiempo la gasto en ser consejera matrimonial. Y en efecto, yo siempre tengo una pareja en capilla que me consulta. Me intriga muchísimo. Creo que le pedimos muchísimo a nuestra pareja, que le exigimos lo que no le exigimos a nadie. Lo que no exigimos a cualquiera que queramos mucho también. A uno casi no le ocurría pedirle a una amiga que no tenga otra amiga, pero en cambio es perfectamente lícito que uno le pida a su pareja que no tenga otra no digas pareja, que no tenga una pasión alterna, que no tenga una amistad intensa. Es una barbaridad eso que hacemos.

También en los ensayos mencionas varias veces las telenovelas, que tu hija o tus amigas ven las telenovelas. También acabas de mencionar la novela rosa. ¿Por qué te interesan estos géneros?

La telenovela hace rato me dejó de interesar. Me interesaba cuando era yo adolescente. Son malísimas. Cuando era yo adolescente —menos que adolescente—, cuando tenía yo la edad de mi hija, entre doce y catorce años, veía telenovela. A mí lo que me ha encantado siempre es que me cuenten historias y la telenovela te contaba historias. Cuando creces te das cuenta que te las cuentan muy mal y de que son maniqueas y empiezan a aburrir. El género de la novela rosa me interesa por lo que te decía antes, porque lo que quiero es exorcizarlo. Como a mí me interesan las relaciones entre los hombres y las mujeres, me interesa el amor, me interesan las distintas formas de la pasión humana y ésas cruzan por la novela rosa. ¿Cómo te desprendes de eso? ¿Y cuál es la diferencia? Yo he llegado a encontrar una: la novela rosa no tiene humor. No hay sentido del humor en los personajes, ni en el melodrama, ni en la novela rosa, y la mayoría de esos personajes se pierden justo porque son incapaces de mirarse con ironía y con sentido de humor.

Entonces uno puede escribir un libro que parezca una novela rosa en tanto que lo que te cuenta es la historia de un hombre y una mujer que se aman y se detestan, pero si tú barnizas eso primero. La otra cosa que tiene la novela rosa es que normalmente está fuera de contexto, o sea da igual, pasan en cualquier época. No pasa en un país preciso, en un medio social preciso, en un ambiente político preciso, sino que simplemente pasa y lo demás no importa. Otra de las cosas que te salva de hacer eso es que lo demás sí importe: que el medio importe, que si hay una guerra o hay paz importe, que si la gente es de derecha o izquierda importe, en el modo en que quiere y en el que detesta.

En Ninguna eternidad como la mía, *escribes de la angustia que el éxito artístico provoca en la protagonista. Dice: «[el terror] que tal éxito provocaba en el centro mismo de sus entrañas». ¿Cómo te ha afectado el éxito de* Arráncame la vida *en términos de seguir escribiendo?*

Pues sí es verdad que te da terror. La manera como exorcizas eso es pensar en Luis Miguel. Yo lo digo completamente en serio. Cuando alguien me dice: «Tú tienes muchísimo éxito», yo digo: «Bueno sí, pero comparada con Juan Gabriel o Luis Miguel, no tengo ninguno». Puedo ir al súper sin que nadie me ataque. No me pasa nada. A nadie le importa si cometo desfalcos o si duermo todo el día. Yo no tengo gente vigilándome. No es ese tipo de fama. De todas maneras, por supuesto sí hay la conciencia de que hay quién te mira y eso además se va enfatizando. Yo creo que ahora me pesa más incluso que después de *Arráncame la vida*. No son nada más los premios y el reconocimiento, sino con los años el conocimiento preciso que tú vas teniendo de quién eres, de qué te gusta y de qué sabes hacer te definen. Entonces lo que te va dando miedo es, fíjate, no es estar a las demandas de los otros, porque las demandas de los otros nunca las entiendes ni las sabes ni tienen por qué pesar demasiado en tu vida, pero las que sí pesan son las demandas que tú tienes sobre ti. ¿Quién es uno como escritor? Cuando a mí me dicen: «Oye, ¿cómo estás trabajando?», yo digo: «No, no estoy trabajando». Me dicen: «Como no, si te he visto. Estabas en la tele y en el periódico y en las entrevistas». Y digo: «Es que es otra forma de trabajo. No es la forma de trabajo que yo decidí, que yo elegí, ni la forma del trabajo que yo valoro del todo. Es un trabajo que me cuesta trabajo, que me quita tiempo, que me desgasta, pero no es el trabajo que me exige más ensimismamiento y reflexión, esas cosas que son de las que se trata ser escritor».

Allí vivo más asediada por mí que por los demás, mucho más. Siempre que alguien me dice: «¿De qué manera te afectó la crítica negativa?», yo digo: «Ninguna crítica negativa me puede afectar tanto como me ha afectado la crítica negativa que yo soy capaz de hacer. Yo soy inclemente». Yo creo que uno se hace al ánimo de entregar un libro, de decir: «Ya acabé», —y yo regreso poco a los libros que he escrito porque si regreso me regaño, digo: «¿Pero qué es esto? ¡Qué horror! Aquí hay una rima y aquí hay otra y no me di cuenta. ¿Cómo pude?». Entonces, no me la vivo releyendo. Para nada. Trato de no hacerlo—. El reto que sigue es el de: ¿yo qué cuento? Finalmente, a lo mejor, es muy probable que sea cierto lo que dicen los otros escritores: es que todos tenemos una historia importante sobre el tiempo y la vamos disfrazando de otras cosas. Hace poco estaba yo reunida con gente que se dedicaba más a dar clases y a hacer crítica. Estaban hablando de escritores ya grandes, consagrados y diciendo: «Lo que hacen ahora no es tan bueno como lo que hicieron». Dije: «Ustedes son de veras implacables y lo que están haciendo es perverso. No ustedes son perversos, pero es una actitud perversa: la de exigirle a un escritor mayor que ya ha escrito libros prodigiosos que siempre escriba un libro más prodigioso que el libro que fue prodigioso. ¡Qué más da! Lo importante es que la gente siga escribiendo, porque mientras la gente sigue escribiendo sigue viva». Lo que importa es, yo creo, a lo mejor para la literatura, la historia de la literatura y la enseñanza de la literatura, lo que importa es cuál es el mejor libro de Fulano. Pero lo que importa para Fulano es morirse escribiendo. Lo que importa es que no se le acaben las historias aunque se parezcan sus historias, aunque no sean tan buenas como la otra. Yo creo que eso es lo que hay que pedirle a un escritor. Lo que hay que pedirle por él. Si a uno le gusta más... A mí me gusta tanto

Cien años de soledad como *El amor en los tiempos de cólera*, pero si hay gente a que le gusta más uno que otro, pues que lea muchas veces el que le gustó más. Pero el escritor tiene todo el derecho del mundo de escribir los dos.

Es interesante la diferencia ideológica que se encuentra entre tus ensayos y tu ficción. Por ejemplo, al tratar de la contaminación y otros problemas en el México moderno se refleja un tono pesimista que no tiene tu ficción. Tu ficción es más optimista.

¿Tú crees?

¿Por qué?

No, yo no creo. Normalmente para juzgar a mi país, para juzgar a los políticos de mi país, normalmente soy bastante más optimista que otros periodistas. No sé en qué lo notes. El lector tiene el mismo derecho que la autora a descifrar los textos, pero yo creo que hay muchas esperanzas en mis textos. Hay queja de este mundo difícil de vivir, pero en realidad casi siempre yo creo —en eso estoy emparentado con lo que hago en ficción con lo que hago en periodismo— hay un gusto por la vida, por sus enigmas, por sus emociones, por sus lunas. Yo creo que eso está en todos los textos. A lo mejor, algunos son más tristes que otros, porque hubo años difíciles para todos, pero yo, durante estos años —fíjate, los años 94 y 95 en que la gente dio en decir que vivíamos en el peor de los países, que no había mundo más nefasto, ni más ruin, ni más cruel, ni más abyecto, ni más injusto, ni más vil que el México del 94 y 95—, yo estaba escribiendo *Mal de amores* y lo que estaba encontrando es que la vida en la Revolución había sido notablemente más difícil. La guerra había sido mucho peor. Y eso yo creo que se pasó a los textos periodísticos también, pero creo, no sé.

En toda tu obra hay una corriente muy fuerte del feminismo. ¿Cómo te acercaste al feminismo en un principio?

Fíjate que en algún momento yo dije que el feminismo era un estado de ánimo, pero estaba jugando. Me acerqué porque antes que una ambición teórica lo que había era una certeza física de que las cosas no debían ser como eran. Creo que crecí en un medio, o por lo menos así sentí el medio, no el medio social, no la ciudad, sino la familia en la que crecí, fue bastante igualitaria. Quiero decir, yo no me acuerdo de que a mí me habían dicho: «Tú te puedes sacar malas calificaciones porque al cabo eres mujer. Tus hermanos sí van a tener que estudiar. Ellos sí tienen que aprender» O que me dijeran: «Las niñas no se pueden subir a los árboles y los niños sí». Podíamos todo. Durante la infancia, que es cuando te formas, yo no sentí las grandes diferencias entre ser hombre y mujer. A lo mejor entre otras cosas porque me tocó ser la más grande. Mis hermanos, los hombres, eran los chicos. Entonces, primero éramos mi hermana y yo y luego tres hombres. Luego mi mamá, ahora que la veo de lejos era bastante beligerante. Muy conservadora, pero al mismo tiempo muy autoritaria, muy mandona. En su familia, quiero decir en la relación mi papá-mi mamá, mandaba mi mamá. Entonces a mí me pareció. Mi abuelo materno siempre quiso más a las nietas que a los nietos y teníamos más prerrogativas. Cuando yo salí al mundo y vi que así no era, me pareció totalmente infame. Yo dije: «¿Por qué?» Yo ya sabía que era irregular que nos quisieran más a las nietas que a los nietos, pero al revés tampoco. Estoy dispuesta a igualar pero no a ceder todo el terreno. Entonces, llegué como regida por mi instinto mágico que me decía: «Las cosas no pueden ser así». Después, pues ya leía mucha teoría y trabajé con el grupo que hacía la revista *fem.* Quizás estuve, fíjate, las heroínas de las novelas eran feministas desde hace mucho. La Condesa San Severina no es una mujer domesticada para nada.

¿Cuáles son tus futuros proyectos?

Esta pregunta tuya es también mía, o sea, me voy a permitir hacerme yo esa pregunta. No sé. Creo que voy a acabar decidiendo por una novela que pasa en los setenta. Se me ocurre, quiero hacer una mujer. «Otra vez una mujer», van a decir, pero también habrá muchos hombres. Es como cuando me preguntan por qué mis personajes son siempre mujeres, y digo: «En *Mal de amores* hay muchos hombres del tamaño de las mujeres», Ya, ¿qué puedo hacer? Y el personaje de *Arráncame la vida* es un personaje muy fuerte. Pero bueno, esta vez sí quiero hacer más físicamente, quiero trabajar en una mujer.

Quiero hacer una mujer que sea un Don Juan. Quiero hacer una mujer que llega a los años setenta como llegué yo y descubre el sexo como lo descubrió mi generación. Mi generación en ese preciso lugar, no toda mi generación. Mis compañeras de la preparatoria se casaron al acabar la preparatoria; tenían 19 años y vivieron una vida mucho más tradicional. A lo mejor a los 40 decidieron que querían ser distintas, pero las que no hicimos eso y las que no nos casamos a los 19 nos volvimos distintas a los 20. Y accedimos al amor libre, por ejemplo, con una obligación un poco masculina, para la que no estamos armadas. Para los hombres era mucho más fácil, sigue siendo, pero entre nosotras estaba claro que ellos no se tenían que enamorar para hacer el amor. Nosotras creíamos que nos teníamos que enamorar pero al mismo tiempo teníamos la obligación de hacer el amor con cualquiera que nos lo propusiera porque si no, no éramos libres. Entonces resulta que te enamorabas de la noche a la mañana todos los días. Te enamorabas todos los días, era decir: «No puede ser; si yo voy a hacer el amor con ese señor quiere decir [que] estoy enamorada de él», pero no era verdad: no estaba enamorada de él. Éramos capaces de inventarnos romances intensísimos y de caer en precipicios y devastarnos por amores que nunca fueron tales o que nunca tuvieron raíz en la sensatez o en la realidad. ¿Cómo pasaba eso? Me intriga y me quiero acordar. Quiero pensar porque en esa batalla hubo quien la brincó, quien sobrevivió al desamor, que es fundamentalmente [a] lo que tenías que sobrevivir. Y si no, ¿cómo eran esas mujeres?, ¿cómo eran sus amores?, ¿cómo era la vida entonces? Había la sensación, por lo menos yo tenía esa sensación, que uno podía arriesgarlo todo porque finalmente todo estaba perdido o todo estaba por ganarse según el caso. Entonces yo quiero contar esas mujeres que vivían muy en vilo. Esas mujeres ya existían en mis personajes anteriores, pero esta vez no van a ser anacrónicas, digamos. Esta vez, van a ser mujeres que van a vivir en los setenta buscando quiénes son y qué quieren y voy a ver a dónde llegan. Tengo que ver también como cuántas van a ser. Todavía no lo tengo muy puesto. Probablemente ésa sea una novela de la amistad. Así como *Mal de amores* puede ser una novela de la familia porque es de muchas maneras un elogio al apoyo y al cobijo que una gente puede encontrar en sus parientes. Ahora quiero ver que estas mujeres encuentren este apoyo y cobijo en sus amigas.

En su libro sobre la nueva novela histórica, el crítico Seymour Menton dice que si la novela trata de una época en donde la autora o el autor vivió, entonces no es novela histórica. ¿Qué dirías? ¿Para ti esta novela en progreso se trata de la historia si es de los años setenta?

Ésa es una cosa dura de saber. Igual a mí me pasa, porque mira: yo además vivo con un hombre, Héctor Aguilar Camín, que yo creo que escribió la mejor novela que se vaya a escribir sobre los años setenta. *La guerra de Galio* es una novela completísima sobre las emociones y las pasiones políticas, el delirio, la ambición, el desencanto de quienes vivieron en los años setenta. Entonces hacer que entre la historia en ese libro me va a costar más trabajo porque como tú dices, esa novela no va a ser novela histórica. Yo también lo creo porque yo no voy a poder revisar eso como revisé la historia, o sea, con la misma... no digo que desapego, pero con la misma mirada como ajena con la que me enfrenté a entender cómo era el México de los veinte y treinta y cuarenta para *Arráncame la vida* o cómo era el México de diez o 1890 para *Mal de amores*. Cómo era el México de los setenta yo lo tengo muy fresco, pero al mismo tiempo —fíjate qué extraño— hay cosas que antes parecían esenciales que ya se me olvidaron por completo. Me acuerdo de que era presidente Luis Echeverría, pero no me acuerdo de ninguno de sus ministros o tendré que hacer un esfuerzo; y de quiénes estaban en los periódicos, eso se me ha olvidado. Tengo mucho más fija en la memoria y en la memoria de las emociones quiénes eran los novios de mis amigas y qué cosas y qué desfalcos y qué aberraciones cometieron por ellos. Eso tengo mucho más claro y me parece más importante que [lo] otro. Entonces a ver qué pasa. Estoy preocupada con esto. Eso sería una opción.

La otra opción sería hurgar en otra cosa que siempre está muy presente en lo que yo hago, que es mi papá, que es como uno más de mis pendientes. Mi papá vivió en Italia durante la guerra, pero yo no sé qué hizo. Nunca habló de eso. Yo podría o querría escribir un libro que cuente la historia de ese hombre que es el hijo de un emigrado que nace en México y que lo mandan a Italia cuando tiene catorce años. Es un niño y vive en Italia de los 14 a los 34, o sea, veinte años. Luego regresa a México, vive otros veinte y luego se muere. Entonces, indagar en quién era. Hay una parte de mi papá que desconozco, pero no nada más yo: la desconocieron sus papás, mi mamá, sus amigos; nadie supo qué hizo entonces. Eso a mí me intriga mucho y yo creo que yo podría construir una historia con eso pero no sé si voy a hacerlo. Igual y no.

OBRAS DE ÁNGELES MASTRETTA

POESÍA

La pájara pinta. México D. F.: Altiplano, 1975.

CUENTO

Mujeres con ojos grandes. México D. F.: Cal y Arena, 1990.
Ninguna eternidad como la mía. México D. F.: Cal y Arena, 1999.

NOVELA

Arráncame la vida. México D. F.: Océano, 1985. Premio Mazatlán
     1985.
Mal de amores. México D. F.: Alfaguara, 1996. Premio Internacional
     de Novela Rómulo Gallegos.

ENSAYO

Puerto libre. México D. F.: Cal y Arena, 1993.
El mundo iluminado. México D. F.: Cal y Arena, 1998.

Entrevista con Silvia Molina

La novela histórica que escribes, no es novela histórica tradicional, sino que sólo tiene elementos de la historia dentro de una novela. ¿Por qué te salen así?

No es que me salgan así; es que yo lo he tratado de hacer de ese modo desde la primera novela, *La mañana debe seguir gris*. Parece que ésta no es una novela histórica pero tiene los elementos que he buscado en las demás novelas. Lo que yo he tratado de hacer es darle un marco histórico a la historia que se va a contar, para crear un mayor código de verificación. *¿No sé si conoces La mañana debe seguir gris?*

Claro.

La novela se abre con una cronología casi a manera de diario. Yo nunca llevé un diario. Fui a la hemeroteca a buscar este tipo de cosas raras y extrañas para darle un marco histórico a la novela. Escogí sucesos extraordinarios: un pastel gigantesco, un eclipse... Elegí cosas así que no son realmente cotidianas sino especialmente raras.

¿Cuál es la diferencia entre el empleo de la historia y los sucesos cotidianos o los eventos del día? A veces, como en La mañana debe seguir gris, *son más bien sucesos del día. Ahora es historia para nosotros, pero para esa protagonista siguen siendo los sucesos del día. El amor que me juraste también usa los sucesos del día. ¿Para ti hay alguna diferencia entre usar la historia como algo lejano y los sucesos del día?*

Pues sí hay una diferencia aunque sea mínima, pero en ambos casos lo que trato de emplear son códigos de verificación para hacer más verosímil la historia, digamos. Por ejemplo, en *La mañana debe seguir gris* y en *El amor que me juraste* hay ese tipo de datos que tú llamas cotidianos; sin embargo, no lo son. En el caso de *El amor que me juraste*, yo busqué, específicamente, sucesos que nos afectaron profundamente en 1994. Y en ese caso el por qué es distinto: no son cualquier cosa: el levantamiento armado en Chiapas, la muerte de Colosio, fue la muerte de Ruiz Massieu... Fueron sucesos que sí nos marcaron. Yo creo que el año del 94 nos marcó simbólicamente en muchos aspectos. Surgió la guerrilla chiapaneca, ¿no? Y de alguna manera es lo que precipita esta carrera que llevamos hacia la democracia desde que terminó de la Revolución Mexicana. Y claro, lo que yo quería en este caso era hacer era más profundo el abismo que había entre esta mujer aburrida de una vida cotidiana al lado de un marido que es bueno pero que no la llena porque no se ocupa de ella sino que está preocupado, durante la crisis de su mujer, por los sucesos del país.

Es interesante que escogiste el 94. El peso se devaluó en diciembre del 94, pero no aparece en la novela. No sé si hay una razón...

No, no hay una razón realmente porque casi todo lo que sucedió al principio del 94 está allí. Digamos que la historia no tiene un límite pero lo que precipita realmente el drama de la mujer es todo lo que pasa al principio del año.

Se ha escrito mucho sobre eso, pero quiero preguntar de todos modos. Repetidas veces tus personajes creen que al entender la historia o si pudieran encontrar una verdad histórica, se entenderían mejor a sí mismos. Suelen ser mujeres que buscan entenderse a través de su comprensión de la historia. ¿Por qué empleas ese tema?

Bueno, eso es algo que yo tengo muy marcado en mi trabajo, aunque muchas veces no me lo pregunto concientemente. Después me doy cuenta. Al principio me sorprendía más y ahora, menos, pero creo que eso tiene que ver mucho con mi propio problema como ser humano. El problema de búsqueda de identidad que de alguna manera se ha reflejado en mi obra. Pero de cualquier forma, una vez estando allí como quiera que esté, sí pienso que el pasado puede ayudarte a entender el futuro o el presente, digamos. Porque es un hecho que somos el resultado de lo que pasó antes. Como todo, ¿no? Como seres humanos, los adultos somos el producto de los niños que fuimos. Yo creo que la etapa que más nos marca en la formación es la niñez. Y todo lo que tú vas a hacer de adulto está dado de alguna manera en la infancia. Y en lo que se refiere a la historia del ser humano, somos lo que fuimos. ¿Qué te quiero decir con eso? Cosas muy drásticas, como, por ejemplo, lo de Yugoslavia. Yo pienso que nos tardamos mucho en reconocer lo que estaba sucediendo en Yugoslavia. Y lo que sucedió no fue más que producto de lo que estaba pasando entre los diferentes grupos étnicos y religiosos, pero todo el mundo cerró los ojos y no quiso verlo. En la historia particular de México, hemos sido el producto del pasado que tuvimos. Yo siento que ésa es la historia del ser humano en particular y de los países en general.

Me interesa que ese tema estructure las novelas, pero se me hace que no aparece en los cuentos. ¿Por qué?

Sí, mis cuentos son muy distintos, ¿verdad?, aunque en algunos sí hay de alguna manera implícita esa búsqueda de identidad. Por ejemplo, uno que es así muy claro, es el cuento que se llama «Recomenzar.» Es de una muchacha que se llama María López que tiene cáncer. Ella incluso dice al final: «Quiero unir las letras de mi nombre otra vez pero van a formar una palabra distinta». Creo que en ése es donde más se siente esta búsqueda de la identidad, esta necesidad de identificarse pero en realidad en los demás cuentos, no, fíjate. No sé por qué; no lo he meditado conscientemente. A lo mejor las historias de las novelas son como más de largo aliento. En el cuento son pocos los elementos que tienes que manejar. El cuento casi no te permite ese tipo de juegos, como meter elementos que a lo mejor no los vas a retomar.

En cuanto a meter detalles que reflejan una vida personal —por ejemplo en La mañana debe seguir gris *obviamente no es tu vida, pero tiene muchas coincidencias— me pregunto si te da miedo hacer eso, si el público va a leerlo y pensar: «Ésa es Silvia Molina». O en los cuentos hay muchas protagonistas que sufren una relación amorosa fracasada. ¿Te identificas con ellas? ¿Al escribirlas tienes miedo que vas a revelar demasiado?*

Nunca me ha dado miedo. Mira, cuando escribí la primera novela, *La mañana debe seguir gris*, ni siquiera pensé que se fuera a publicar. Si tuviera paciencia, te buscaría un texto que escribí sobre esa novela, porque en realidad fue una manera de reescribir esa historia para mí misma, como de contármela a mí misma de la manera que me hubiera gustado que sucediera. Sí conocí a José Carlos Becerra en Londres, donde viví con una tía, pero mi historia no fue ésa. Fue mucho peor que ésa. La novela fue una manera de contarme la historia como me hubiera gustado pasarla. Aunque muchas cosas que están basadas en la realidad, todo está muy cambiado. Nunca me dio miedo, ni siquiera contar una relación así. Yo ya estaba casada... Estoy casada, por fortuna, con un hombre inteligente. Cuando terminé la novela me propusieron publicarla y le dije: «Oye, me gustaría que leyeras esto porque puede ser que lo publiquen. Quisiera saber si no se te ofende alguna cosa que yo diga allí». Y me contesto: «Pues es tu trabajo y no tengo que leer nada». Además había mucho de ficción en la novela. No lo pensé y no fue un acto de valentía publicarla. Además, es muy curioso porque para la gente que me conoce de cerca porque sabe que yo estoy allí pero que no soy la que está allí. Soy un invento de mí misma. Estoy allí pero no es mi historia. Luego, en los demás casos, aunque ya son libros en donde hay más malicia literaria de mi parte, sí me doy cuenta cómo fui madurando como escritora. En ellos hay elementos que pueden ser que sean parte de mi vida pero puede ser que no sean parte de mi vida, que sí funcionan muy bien y que me importan mucho como códigos de verificación.

En cuanto a ese proceso de madurar, ¿ves una evolución en los cuentos o en las novelas?

Sí, fíjate que sí. Siento que siempre tuve cierto talento para escribir. Fui muy mala lectora, muy muy mala lectora. Yo tuve problemas serios del aprendizaje de la lectura, pero en mi época no se sabía, no se conocía la dislexia y todo eso. Entonces leí muy poco porque claro, leía tan mal que para mí era un trauma leer porque no entendía lo que leía. Yo empecé a entender realmente y a disfrutar de la lectura en la secundaria, en el tercer año de la secundaria, que quiere decir un año antes de entrar a la preparatoria, lo cual es demasiado tarde, ¿no? Pero me salvé: fue un milagro. Llegué tarde a la literatura, pero llegué, y no crecí frustrada. Y cuando escribí en un taller *La mañana debe seguir gris*, sin ninguna preocupación de tipo profesional porque era una historia que yo me estaba contando sólo a mí, y no pensaba que me iban a publicar el libro, jamás me preocupé: «¿Se dirá así?» «¿Se escribirá así?» Simplemente yo fui encontrando la estructura de esa historia de una manera muy natural. Yo llevaba eso intuitivamente dentro de mí. No solamente la historia, sino que llevaba el cómo sacar esa historia, porque no me costaba trabajo. Incluso, fíjate, cuando terminé la novela, me di cuenta que había quitado mucho, mucho material. Y la novela fue una cosa muy natural en mí y muy lógica inventarle esa cronología al principio de la historia. Pero fue así, de una manera realmente inocente. En cambio, por ejemplo, cuando escribí *Ascensión Tun*, que fue la segunda novela que publiqué, ya pensaba en términos de la estructura, cosa que ni siquiera sabía antes. Trababa de buscar diferentes planos narrativos y cosas por el estilo. Por ejemplo, donde más sentí que me preocupó eso fue en *La familia vino del norte*. ¿Por qué? Porque ésa sí era una novela histórica. Era un fragmento de la historia de la Revolución Mexicana que no solamente había pasado en mi país; yo misma, muchísimos años después, crecí con el eslogan «La Revolución somos todos». La Revolución había pasado muchísimos años antes, pero había letreros por todas partes —del PRI por supuesto—. No me parecía tan extraño que dijeran: «La Revolución somos todos», porque yo era uno de esos casos raros en el cual, en mi familia, sí había revolucionarios. Todos los hermanos de mi mamá eran generales revolucionarios que habían ido a pelear en la Revolución. Sí había algo cercano a mí en ese aspecto, pero en el sentido familiar porque mis tíos usaban el uniforme, usaban la gorra y tenían sus estrellas de general. Pero en el sentido nacional, la Revolución ya era historia; aparecía en los textos escolares. Y yo pensaba: «Bueno, si mis tíos fueron tan valientes y participaron en tantas batallas y eran amigos de los meros meros, ¿por qué no aparecen en los libros de historia?» Esa pregunta sí me la hacía.

Como *La familia vino del norte* era de corte histórico, yo tenía miedo que pareciera una novela decimonónica. Me preocupó mucho cómo contar la historia sin que pareciera historia. ¿Por qué? Porque yo no quería perder a mis lectores, ¿me entiendes? Porque es muy difícil saber sobre la Revolución Mexicana porque fue una etapa para nosotros muy complicada en donde intervinieron muchas facciones. Si tú piensas que ya vas entendiendo algo sobre la Revolución, surgen nuevos libros que te hacen ver la historia diferente. Y esa novela me preocupó. ¿Cómo contar esa historia sin que pareciera historia? Si tú te das cuenta, se interrumpe constantemente la historia para entrar a otro tema. Dejo algo pendiente siempre para entrar en otro capítulo y luego retomo eso. Recojo mis hilos; los desanudo. Y era de alguna manera como crear un poco de suspenso, para tener al lector interesado en cómo continuaría la historia. Allí sí sentí realmente mi esfuerzo por trabajar la estructura en profundidad, cosa que no se me hubiera ocurrido en la primera novela.

La estructura de estas novelas también usa ciertos ecos entre los personajes. Por ejemplo, tal como el abuelo, la nieta en La familia vino del norte *tiene personalidad de revolucionaria: viaja por México con su amante. Marcela, en* El amor que me juraste, *con su relación fuera del matrimonio repite las relaciones de su padre y su problema con la comunicación. ¿Hasta qué punto es una técnica consciente para cuajar los dos niveles o tiempos?*

Sí es consciente, no por hacer los dos «cuajar» como tú dices, sino que es consciente porque, en general, mis personajes tratan de transgredir la norma, la educación, y tienen modelos que los marcan, los tientan, los invitan a ser igual. Porque la educación que nos han dado, desde mi punto de vista, siempre ha dejado mucho que desear para nuestro desarrollo. En México provenimos de una sociedad católica y española, mojigata, hipócrita, siempre ha habido la traba de la educación. La mujer tiene que ser buena, honrada, honesta y educada pero en el sentido de aceptar lo que sea, y mis personajes ya no tienen eso que tuvieron muchas mujeres anteriores a mí. Para comenzar yo creo que hasta mi mamá, por ejemplo. Tú ve a la generación de mi mamá; sí le tocó eso. No fue educada para desarrollarse, para tener las mismas oportunidades que el hombre. A mí ya no me tocó eso, ni es una cosa que yo quisiera para mis hijas: aceptar todo lo que la sociedad te impone porque más vale que estés calladita. Pues no, más vale que te desarrolles a pesar de los demás.

Se ve eso en varias novelas, que las mujeres tienen que luchar contra la corriente para convertirse en escritora. Pienso en La familia vino del norte *donde esa protagonista lucha en contra del periodista para contar su historia. O en* El amor que me juraste *la madre de Marcela quiere que su hija trabaje cuando ella lee y Marcela comenta: «Como si leer fuera perder el tiempo». ¿Eso viene de experiencia personal?*

Fíjate que a mí por ejemplo no me tocó eso. Me tocó de joven, sí. Mi mamá se preocupaba porque estudiaran mis hermanos, no porque estudiáramos las mujeres. Y bueno, en mi caso, como tú sabes por la otra novela [*Imagen de Héctor*], yo no tuve padre, digamos. Mi padre murió cuando yo era niña. Entonces mi mamá se preocupaba realmente que mis hermanos tuvieran una carrera, porque en México, sabes, era el hombre, por tradición, quien mantenía el hogar mientras la mujer lo cuidaba. Realmente, mi mamá no se esforzó porque mi hermana tuviera una carrera. Sí fue a la universidad, pero en el momento que mi hermana prefirió trabajar, mi mamá no insistió, porque pensaba que tarde o temprano se iba a casar. Mi hermana se casó, pero se divorció y ha sufrido mucho porque no tuvo una carrera, un desarrollo personal. Y a mí ya eso no me pasó; en primer lugar porque aunque me casé, terminé mi carrera, y supe que mi desarrollo personal era prioritario si quería que mis hijas no dependieran de un señor que les diera el gasto. Además, me fui fuera de México. Yo creo que eso también a mí me salvó, estar fuera.

Después tuve la suerte de tener como marido un hombre realmente excepcional en ese sentido. Yo, fíjate, estudié primero antropología. Pero no me recibí en antropología porque vino el 68 y me fui a vivir a Europa; las clases se terminaron y fue una larga historia. Quizá en última instancia porque yo misma no quería recibirme debido a la educación que yo había tenido. Pero cuando decidí meterme a la carrera de letras, lo primero que se me dijo mi esposo fue: «Oye, ¿por qué no te recibes primero de antropología? ¿Para qué quieres otra carrera si no has terminado una?» Y después, cuando terminé la carrera, no pensé recibirme. ¿Para qué, si iba a ser escritora? Y mi marido me dijo: «No, hay que terminar las cosas. Te tienes que recibir. Si no, ¿cuántas cosas vas a empezar y no vas a terminar?» Entonces, me di cuenta de que mi futuro dependía de mí, de nadie más. Yo ya no hice la misma cosa con mis hijas. Para mí, lo más importante es que mis hijas se recibieran y lo logré. Les di a entender que lo más importante era su desarrollo personal y después lo demás.

Relacionado con esa cuestión feminista son las musas masculinas que encuentro en tus obras, por ejemplo en La familia vino del norte, Imagen de Héctor *y* El amor que me juraste. *O es una mujer que intenta entender a un hombre o un hombre sirve como impulso para escribir. Quizá hasta en* La mañana debe seguir gris *la protagonista escribe para encontrar a ese hombre que murió. ¿Por qué una musa masculina?*

Tiene más que ver con la pérdida que con la musa. Me ha tocado perder figuras masculinas, empezando por el padre. Yo lo veía así, más que como una musa masculina. A lo mejor es una batalla. Creo que siempre escribimos sobre lo que nos duele.

Siempre me impresiona que, además de un lenguaje sencillo, una de las cosas que hace que los cuentos y las novelas funcionen es la sinceridad de los personajes. Mencionaste un código de verificación; quizá a eso me refiero. ¿Cómo encuentras esa sinceridad?

Yo creo que es una cosa más bien de estilo. Y ¿qué cosa es el estilo? Es el carácter. ¿Cuál es el estilo de García Márquez? Pues, el estilo de García Márquez es lo que le da su sello; es decir, su personalidad, su carácter en la escritura. Eso es lo que hace que él sea él y no otro escritor. Yo creo que en mi caso y en todos pasa lo mismo. En primer lugar soy una persona muy directa. Cuando yo comencé a escribir, me preocupaba demasiado porque yo no podía hacer imágenes, grandes imágenes o grandes metáforas. Pensaba: «No puedo hacer literatura porque no sé hacer cosas complicadas». En última instancia yo creía que no tenía pluma de poeta, esa cualidad de hacer ambiguas muchas cosas. Lo único que sí pude hacer, porque eso realmente lo aprendí, fue pulir el lenguaje, o sea quitar. Eso fue la primera enseñanza que tuve cuando estaba escribiendo *La mañana debe seguir gris*. Platicaba mucho con Hugo Hiriart. Es un escritor más o menos de mi generación. Él estaba muy preocupado entonces por la forma; siempre lo estará. Es un escritor muy bien hecho, digamos. De él aprendí que escribir era limpiar, quitar todo lo que sobraba, usar exactamente la palabra adecuada. Eso hace que tu estilo sea mucho más directo y en mi caso, pues soy una persona directa; por lo tanto, mi estilo tenía que ser directo. Y en cuanto a la sinceridad... Sí las cosas duelen, es porque son ciertas.

También relacionado con eso están las estructuras de los capítulos. ¿Tienes algún método para estructurar cada capítulo? Usas muchos.

No. Realmente no tengo un método. Yo creo que lo que pasa es que la escritura te va pidiendo, lo que estoy haciendo me va pidiendo la extensión y la forma, digamos. Fíjate que sí soy, en ese sentido, una escritora lenta. Porque no soy de los escritores que escriben toda la historia y después corrigen, sino que voy escribiendo capítulo por capítulo y luego me voy regresando. Cuando ya escribí el segundo capítulo y me siento a escribir el tercero, vuelvo a leer el pri-

mero y el segundo y así voy: cosa de nunca avanzar. Cada novela me
va pidiendo, me va exigiendo la manera en cómo expresarla. Cada
capítulo me va exigiendo incluso la extensión. Yo no puedo decir:
«Voy a escribir un capítulo de veinte páginas», porque a lo mejor el
capítulo me sale de tres. Porque allí se acabó. Me doy cuenta que está
allí donde tengo que cortar.

*El amor por México D. F. que se ve en las novelas, más que nada
en* La familia vino del norte *y* El amor que me juraste *me parece un
poco nostálgico o idealizado. No hablas nunca de la contaminación,
fuera de la referencia en* El amor que me juraste. *¿Por qué algunos
de estos problemas se quedan fuera de tu visión referente a la
Ciudad de México?*

No sé. No sé si esté bien o esté mal, pero sí hay, a lo mejor, un
poco de nostalgia porque la Ciudad de México que me toca vivir ahora no fue la que yo conocí. Ni siquiera es una ciudad que mis hijas
hubieran conocido. A mí me tocó todavía habitar la Ciudad de
México cuando éramos muchos menos habitantes y donde la riqueza
estaba mejor distribuida entre los habitantes de la ciudad. Quizá había menos subvenciones y había menos gente de la provincia. De todas maneras la Ciudad de México, tú sabes, se desarrolló con gente
de provincia, o sea, había pocos habitantes realmente de la Ciudad de
México y fueron viniendo —así como los personajes de la novela *La
familia vino del norte*— de Sonora, fueron viniendo de Coahuila, de
todos los Estados y se fueron aposentando en la Ciudad de México.
Te digo, cuando yo era niña y adolescente, la ciudad era otra cosa
completamente. Primero, era increíble pero todo el mundo se conocía. Tú conocías generalmente a todos los vecinos. En todas partes
digamos el *modus vivendi* era una cosa mucho más familiar. Bueno,
sí creo que la Ciudad de México con todo es una ciudad hermosa,
¿no?

Sí, sí.

Acabo de estar en Venezuela, la semana pasada. Imaginaba que
Venezuela era una ciudad más moderna y además como nosotros,
con el sello de lo español. Me di cuenta que su parte colonial es
mínima, que es una ciudad que se quedó estancada en los años cincuenta y sesenta. Sí hay esta modernidad y hay toda esta —aunque suena horrible— globalización de comercio en las zonas resi-

denciales donde tiene su pequeña Zona Rosa, o donde tiene su calle del comercio exclusivo. Pero en general, dices: «¡Caray!, puedo apreciar mejor la hermosura de la Ciudad de México, que tiene de todo, que es una ciudad que ha sabido conservar su historia». Desgraciadamente lo que tiene nuestra ciudad de espantoso es todos los problemas que estamos viviendo cotidianamente, incluyendo la contaminación que es terrible.

En Encuentros y reflexiones *mencionas la importancia de* De perfil *de José Agustín. ¿Había otra obra mexicana que siguiera la lectura de Agustín en esa época, que tratara de una protagonista mujer o que fuera escrita por una mujer que te influyó?* De perfil *como revelación artística es muy masculino. No me identifiqué tanto como tú con los personajes.*

Para mí fue un detonante, porque yo era muy mala lectora. Para mí la literatura que de veras valía la pena era la clásica que era la que nos enseñaban en la escuela, y que muchas veces era difícil de sentir, verte allí. Cuando descubrí a José Agustín, quizá no tanto por la historia (aunque créeme que sí, porque yo tenía tres hermanos varones y yo leía su historia), sino por su lenguaje, quedé fascinada. Lo que más me reveló esa novela es que la literatura no tiene que ser solemne. Eso que te digo. No tenía yo por qué esforzarme a hacer unas metáforas complicadas porque podía con sencillez contar una historia. Eso se lo debo también a la generación de José Agustín. Creo que mi escritura no tiene nada que ver con la escritura de José Agustín. Sin embargo, para mí la gran enseñanza fue el lenguaje. Era un lenguaje en el que parecía que estaban hablando los personajes como tú y yo en ese momento, aunque atrás de eso había mucho trabajo de José Agustín. Para mí esa novela fue especialmente importante porque me dijo: «Tú también puedes escribir una novela. No se necesita gran erudición, ni se necesita ser un señor de sesenta años que está en una biblioteca». José Agustín es un poco mayor que yo: puede ser que cuatro años si no es que dos. Yo soy del 46. No me acuerdo de qué año es José, pero él debe ser del 44.

Sí hay, sin embargo, una novela de una mujer mexicana que me impresionó muchísimo y me importó mucho y me importa mucho y es *Los recuerdos del porvenir* de Elena Garro. Para comenzar, fíjate que yo conocía a Elena Garro personalmente cuando vivía en París. Yo no la había leído cuando yo la conocí. Sin embargo, era una mujer que me impactó mucho. Yo quería ser como ella de grande porque tenía una gran vitalidad y una gran irreverencia para tratar con la gente y gran libertad para expresarse de los demás. Era realmente una mujer fuera de serie, brillante. Bueno, lo que me gustó mucho cuando leí por primera vez *Los recuerdos del porvenir*, me regañaba a mí misma diciendo: «Como es posible que yo la haya conocido en persona y nunca hubiera sabido apreciar la escritora grande que había en ella». Porque la traté como amiga y no como escritora. Quizá fue mejor porque esa época fue muy bonita porque fue espontánea. Pero *Los recuerdos del porvenir* es una novela muy interesante porque está escrita por una mujer muy inteligente; sin embargo, no es una novela en la que tú puedes descubrir el estilo femenino. Ese estilo femenino no lo tiene. Sí tiene una gran cualidad que es la malicia con la que está escrita, y que todas las mujeres que aparecen en su novela también son mujeres irreverentes, un poco del estilo de Elena Garro. Todas transgreden. Son mujeres transgresoras de su condición, de su condición social, de su condición de mujeres, de su condición de hijas de familia, de su condición religiosa, incluso. Es una novela en la que la escritora juega con todo eso. Allí entendí también que la literatura era un juego. Mira, por ejemplo, yo que la he leído muy despacio he descubierto muchos de sus juegos. Juega hasta con la palabra «palabras», por decirte. Las palabras se deshacen como collares de perlas así que ruedan. Por ejemplo, la palabra «rosa», ya sea como un nombre propio o como un color de una gama del arco iris, tiene su peso como símbolo. Son cosas de las que te das cuenta cuando la lees un poquito despacio y te dices: «Esta señora va más allá del lector porque está contando una historia pero también está divirtiéndose dentro de esta historia porque está jugando con muchos elementos que a lo mejor ni vamos a notar». Eso también me dio a mí la posibilidad de descubrir que yo podía jugar, que la literatura era un juego que tenía sus reglas. No es un juego simple. No, es un juego como el tenis. Tiene unas normas que tú puedes seguir y puedes divertirte jugando. Puedes hacer un tenis muy elegante o un tenis muy activo o un tenis acelerado, pero el placer de meter un saque as, nadie te lo quita. Es un juego de concentración, de inteligencia, pero finalmente un juego que tiene una serie de normas.

¿Otras obras de mujeres?

Sí, pero ya no de mujeres mexicanas. Por ejemplo, a mí siempre me ha impresionado mucho Jean Rhys a la que la nombro también en Encuentros y reflexiones. Para mí fue también una lectura reveladora. ¿Por qué? Porque yo estaba acostumbrada a las lecturas sobre mujeres que de alguna manera triunfan; incluso en la novela de Elena Garro, *Los recuerdos del porvenir*, las mujeres son triunfadoras por el simple hecho de rebelarse. En cambio, las mujeres de Jean Rhys son mujeres perdedoras, llenas de una crudeza muy profunda. Quizá porque Jean Rhys también se inventó en sus novelas. Es mucho de lo que hago en mi trabajo, estarme inventando constantemente. Al principio de la conversación hablábamos de eso, de que todo el mundo cree que mis personajes son mi ser. Me gusta inventarme en mis personajes. Todos los personajes de Jean Rhys son mujeres realmente tremendas. Son alcohólicas, se han prostituido, y lo que buscan es, como sea, el dinero, el señor que les pueda mantener, en una época que eso se usaba mucho, porque era un modo de vivir en la Europa de la posguerra. El conde que le manda el sobre a la amante porque es una manera de ser de la idiosincrasia, de la nobleza. Como es una manera de ser de la idiosincrasia de todas estas mujeres quebradas interiormente, hundidas en el alcohol en una Europa mojigata y que quiere salir con buenos modales de la guerra. La lectura de Jean Rhys para mí fue realmente reveladora. Me di cuenta de que yo estaba hecha como esas mujeres, en el sentido de que si tú te analizas siempre un poco te das cuenta que dentro de ti no solamente hay sentimientos buenos sino hay sentimientos malos. No nos gusta ver nunca los malos; nos gusta ver lo bonito, pero estamos hechas así como las mujeres de Jean Rhys. O como los hombres, o sea, no es una condición exclusiva de la mujer. En última instancia siento que un ser humano está hecho de pasiones y las pasiones pueden ser bajas. Creo que es muy sano reconocer que tenemos estas pasiones.

Mi última pregunta sería acerca de tus proyectos futuros. ¿Tienes una novela en que estás trabajando?

Pues sí estoy trabajando en una novela que me está costando mucho trabajo. Ni yo misma sé realmente para dónde voy. No sé si sabes que también escribo para niños. Entonces, mientras logro darle salida a esta novela se me han interesado también otros textos infantiles. Me ha alegrado mucho porque siempre hay un poco de estrés cuando uno no sabe para dónde anda. Sí sé lo que quiero contar y lo mismo me ha pasado siempre. Siempre soy muy lenta y hago muchísimos intentos. Por ejemplo, en *La familia vino del norte* me tardé como cuatro, cinco años en encontrar exactamente la estructura que me llenara. ¿Sabes otra cosa? El punto de vista de cómo vas a contar la historia. Eso me pasó también en *El amor que me juraste*. Era una novela que yo quería contar desde el punto de vista del doctor y no pude. Ya la tenía casi totalmente terminada la novela y era algo que no creía. Siempre dudaba y decía yo: «Bueno, ¿realmente el doctor diría esto? ¿Realmente el doctor habría hecho eso?» En una de estas lecturas fui muy dura conmigo misma y dije: «No. Yo creo que no. Yo creo que tengo que darle otro punto de vista a la novela porque no me satisface». Tenía la duda y sí tienes la duda es que algo pasa. Lo mismo me está pasando con esta novela que estoy escribiendo; no encuentro la manera de contar la historia. Sí sé qué es lo que quiero contar, desde luego, pero no encuentro todavía el modo de sentirme a gusto.

OBRAS DE SILVIA MOLINA

CUENTO

Lides de estaño. México D. F.: Dirección de Difusión Cultural, Departamento Editorial, UNAM, 1984.

Dicen que me case yo. México D. F.: Cal y Arena, 1989.

Molina, Silvia y Evodio Escalante. *Silvia Molina*. México D. F.: Coordinación Difusión Cultural, Dirección de Literatura, UNAM, 1990.

Un hombre cerca. México D. F.: Cal y Arena, 1992.

Recomenzar: Antología personal. México D. F.: ISSSTE, 1999.

NOVELA

La mañana debe seguir gris. México D. F.: Joaquín Mortiz, 1977. Premio Xavier Villaurrutia.

Ascensión Tun: Novela. México D. F.: Martín Casillas Editores / INBA, 1981.

La familia vino del norte. México D. F.: Océano, 1987.

Imagen de Héctor. México D. F.: Cal y Arena, 1990.

El amor que me juraste. México D. F.: Joaquín Mortiz, 1998.

Muchacha en azul. México D. F.: Joaquín Mortiz, 2001. Premio Sor Juana Inés de la Cruz.

TEATRO

Circuito cerrado. México D. F.: Coordinación de Difusión Cultural, Dirección de Literatura, UNAM, 1995.

LITERATURA INFANTIL Y JUVENIL (SELECCIÓN REPRESENTATIVA)

El papel. México D. F.: Editorial Patria, 1985.

El algodón. México D. F.: Editorial Patria, 1987.

El quinto sol. México D. F.: Ediciones Corunda, 1988.

El maíz. México D. F.: Ediciones Corunda, 1988.

La creación del mundo. México D. F.: Ediciones Corunda, 1988.

La música, el canto y el baile. México D. F.: Ediciones Corunda, 1988.

Los cuatro soles. México D. F.: Ediciones Corunda, 1988.

El maguey. México D. F.: Ediciones Corunda, 1988.

Los cuatro hermanos: Leyendas nahuas de la creación. México D.
F.: Ediciones Corunda, 1991.
Los tres corazones: Leyendas totonacas de la creación. México D.
F.: Ediciones Corunda, 1992.
El misterioso caso de la perra extraviada. México D. F.: Gobierno
del Estado de Campeche, 1993.
Mi familia y la Bella Durmiente cien años después. México D. F.:
ECO, 1993.
Así soy: Mi autobiografía. México D. F.: Fideicomiso para la
Cultura, México: ECO, 1995.
El abuelo ya no duerme en el armario. Nueva York: Scholastic,
1996.
Mariana y el pirata. México D. F.: CONACULTA, 1998.
El topo y la codorniz. México D. F.: ECO, CONACULTA, 1999.
Las aventuras de don Sebas y Campeona. León: Everest, 2000.
Mi abuelita tiene ruedas. México D. F.: CONACULTA, 2000.
Quiere ser la que seré. León: Everest, 2000.

ENSAYO

Leyendo en la tortuga: Recopilación. México D. F.: Martín Casillas
Editores, 1981.
Encuentros y reflexiones. México D. F.: Coordinación de Difusión
Cultural, Dirección de Literatura, UNAM, 1998.

LIBROS DE VIAJE

Campeche, imagen de la eternidad. México D. F.: CONACULTA,
1996.

EDICIONES DE LIBROS (SELECCIÓN REPRESENTATIVA)

Marguerite Yourcenar. Material de lectura 22, Patricia Daumas y
Silvia Molina (eds.) México D. F.: Dirección General de Difusión
Cultural, Unidad Editorial, UNAM, 1984.
*Campeche: Punta del ala del país: Poesía, narrativa y teatro, 1450-
1990.* México D. F.: CONACULTA, 1991.
*Arcoiris, el universo de los niños: Literatura infantil de Baja
California.* México D. F.: CONACULTA, 1994.

Entrevista con Angelina Muñiz-Huberman

Angelina, ¿por qué te interesa trabajar con la historia?

Porque sin la historia no habría evolución ni conocimiento. Estar recordando los antecedentes creo que es la base para entender el momento presente. La historia es lo más importante para entender qué es el ser humano. Hay que remontarse a los orígenes. Por eso me interesa la historia. Es la vida, es el hombre. Yo no creo tanto en la historia como ciencia sino en la novela como historia. Sí me gusta usar elementos históricos pero porque estamos viviendo a raíz de eso. Tal vez para comprender este momento, busco hacia atrás muchas cosas. De hecho, introduje la novela neohistórica en la literatura mexicana con *Morada interior*, en 1972.

Hay ciertas épocas que parecen interesarte más. Por ejemplo, ¿por qué te interesa la época de El mercader de Tudela?

No era en sí la época sino el personaje. Es decir, el momento histórico también es muy interesante. Tal vez por eso el personaje me interesaba. Van unidas las cosas. Yo creo que los momentos históricos atractivos e interesantes son los momentos históricos que también dan personajes que están reflejando eso, o al revés. Tal vez sean los personajes los que estén creando el momento histórico interesante. En la historia de Occidente, el siglo XII es muy importante porque empieza a haber una serie de rupturas, de fisiones dentro del conglomerado del mundo religioso, social, político. Y ése es otro de mis intereses: la búsqueda de los orígenes del mundo religioso. Tanto en el cristianismo como en el judaísmo y en el islamismo empiezan a ocurrir grandes divisiones que son llamadas por los ortodoxos «herejías». Esta lucha interna dentro de las tres grandes religiones monoteístas precisamente se da en esa época. También era un momento que, desde el punto de vista estético, me planteaba preguntas. Nuestra época también es una época de absoluta ruptura con todos los valores: con la tradición, con la ética, con la religión, con la política, con la sociedad. Encontré cierto paralelismo en este siglo XII con sus tendencias, diríamos heréticas, y su interés por el estudio de la Cábala, de la alquimia, que son considerados negativamente por la ortodoxia. Me interesa esa parte del ser humano que está presentando lo oscuro, lo negado, lo prohibido, y destacarlo para examinar por qué existe ese problema.

También el Siglo de Oro, por ejemplo en Morada interior, *es un interés muy grande para ti. ¿Por qué?*

De nuevo, es una época de gran ruptura, de grandes descubrimientos, de grandes hallazgos pero también de abismos, de tremendos hundimientos en la miseria, y al mismo tiempo de máximos elevamientos, si comparamos la convivencia de místicos y pícaros. O de un personaje como don Quijote frente a quienes son anti-Quijotes, como lo puede ser Sancho, o el resto de personajes que rodea a don Quijote. Me interesa el enfrentamiento de mundos ideales y anti-ideales, de lo exaltado y de lo denigrado, y la creación de ideales y valores que no pueden ser afectados a pesar del mundo negativo y opresor que rodea a esos personajes. En unas palabras, los mundos en crisis.

El tema del exilio también aparece mucho. ¿Por qué esa insistencia que llega a ser una obsesión?

Es una obsesión porque viene a ser de nuevo lo mismo: estoy siempre recapitulando sobre mis propias obsesiones. El exilio o los exiliados son los que han quedado al margen siempre. Por lo tanto la visión que tienen del mundo es diferente. Cuando uno está al margen, ve distinto y lo ven distinto. Mientras que quien está integrado dentro de la sociedad y forma parte más o menos perfecta de ella, ve y es visto de otro modo. El exiliado por algo es ex: está fuera de lugar; ha dejado de ser. Su óptica es distinta pero también la óptica con que es visto es diferente. De ahí que me atraigan estos personajes: los cabalistas, los iluminados, los místicos, los viajeros, todos ellos exiliados en potencia. Su perspectiva es externa. Están y no están en las cosas. Quieren estar y no pueden estar, o no los dejan. Están siempre entrando y saliendo. Por eso son personajes inestables, personajes melancólicos, personajes con problemas de identidad que nunca pueden llegar a definirse. Sobre este tema del exilio tengo un libro de ensayos que se llama *El canto del peregrino*. Particularmente creo que también nuestro siglo es un siglo en donde se acentuó toda nuestra capacidad del exiliar al otro, al ser humano. El exiliado es el otro por excelencia: es distinto, no se parece a los demás, hace cosas diferentes, no come igual, no se viste igual, tiene otra religión y otras ideas. Esto es algo característico de nuestra época, toda esta cantidad de movimientos de grupos humanos, no sólo individuos solos sino grupos, frente a la antigüedad con el exilio como forma individualizada. Entre los griegos y los romanos existía el destierro como castigo contra determinado individuo molesto para la sociedad. Pero nuestra época ha sido de expulsión de grandes masas, por razones políticas, étnicas, religiosas o económicas y lo seguimos viendo. Los grandes problemas en este momento son las traslaciones de grupos humanos de un lado a otro. Es lo que estamos viviendo desde que empezó el siglo xx hasta hoy.

Lo que dijiste del exiliado que está afuera y quiere estar adentro me hace pensar en el estilo narrativo que tienes. Por ejemplo, en lo que he leído muy pocas veces aparece el yo o la primera persona. ¿Partes de esa idea que el exiliado está afuera y así escoges la voz?

No, eso depende de las novelas que hayas leído porque sí uso bastante el yo. Incluso el yo masculino en *Tierra adentro*. *Morada interior* utiliza dos yos: el yo del siglo xvi y el yo del siglo xx. *Dulcinea encantada* está escrita en primera persona y en las novelas siguientes se da el fenómeno de borrar las personas y poder pasar sin transición de la primera a la segunda o tercera. Tal vez sea un anhelo de eliminar la extranjería.

No he leído Dulcinea encantada *y me molesta mucho porque ganó el Premio Sor Juana Inés de la Cruz. No encuentro una copia.*

Sí, inauguró ese premio en la feria internacional del libro de Guadalajara en 1993. Ésa es la estatuilla, allí en la mesa. [Señala una mesa en la sala en la que se apoya una sor Juana de bronce a lo Oscar.] La novela ha tenido varias reediciones. El yo que empleo es una encarnación del exilio, un yo que traspasó la cordura y está en la locura. Es decir, el personaje ya no concibe la realidad. Ha vivido tantos exilios que su estado ideal es el delirio. Vive en un mundo interno, pero se ha desdoblado en tres personajes. Tres personajes que dialogan constantemente. La novela ocurre dentro de un automóvil, en el anillo Periférico que rodea a la ciudad. Es decir, se desarrolla en un espacio cerrado e interno pero cambiante y alejado de la ciudad.

Volviendo al uso del yo, lo evito si trato de algo personal. Por ejemplo, en la elaboración de *Castillos en tierra* y de *Molinos sin viento*, que corresponden al género de *seudo-memorias* por mí inventado, cambié la primera persona por la tercera. De inmediato todo funcionó al considerarme objetivamente como personaje. De este modo, carezco de reglas para el uso de las personas gramaticales que se van acomodando según las necesidades de cada caso.

En cuanto a las obsesiones, hay una gran economía de temática. Por ejemplo, hay una repetición de anécdotas en Castillos en tierra *y* Las confidentas. *En las dos, una niña tira una muñeca del barco y también aparece en los dos el cruzar la calle con mucho tráfico.*

Se trata de obsesiones que hay que explicar, o volver a contar. La literatura es limitada en cuanto a temas, pero estos temas ofrecen la posibilidad de ser contados de nuevo de manera diferente y en esto consiste su originalidad. Los mecanismos del lenguaje, de la memoria, de la escritura, son distintos, según el momento en que se escriben. Por eso precisamente la repetición obsesiva es intencional y me interesa muchísimo. Son esas posibilidades infinitas de contar una y la misma historia varias veces lo que me atrae. Repetir la historia es encontrar su diferencia. Es también del desarrollo del arte de la memoria y del hallazgo de nuevos detalles. Me interesa mucho explorar todo lo que es el mecanismo de la lengua y de la memoria, así como sus infinitas posibilidades de variación. Equivaldría en música al tema y variaciones.

En muchas de las novelas, la anécdota no parece ser lo más importante para el narrador. Al narrador muchas veces le gustan los detalles, las palabras o los juegos intelectuales. ¿Por qué resulta ser de menos importancia la anécdota? Vas en contra de la moda. ¿Por qué?

Sí, desde que empecé a escribir suelo ir en contra y no sigo las normas. Lo importante no es la anécdota, sino cómo se cuenta. De

nuevo, la anécdota dejaría de serlo si no existieran las palabras y éstas son las que la conforman. La revelación es el momento en que
cada palabra encuentra su lugar exacto y, por eso, el detalle es lo importante, lo que define a la anécdota. En la literatura actual esto se ha
olvidado y se prefiere acumular anécdotas triviales y no conceptos
valederos y artísticos. Se le da prioridad a valores extra literarios y
se ignora la calidad de las obras. La literatura está perdiendo su propio papel. El fenómeno del *bestseller* impone el concepto de venta
sobre el de vanguardia. Se desprecia la buena escritura, la búsqueda
de nuevas expresiones y palabras, la descripción detallada, la profundidad de los hechos y cosas. A esto contribuyen no sólo las editoriales, los medios de comunicación y los críticos sino las universidades en las que da la mismo estudiar a Isabel Allende o Laura Esquivel
que [a] Borges o Proust. El desconcierto es grande y se confunden
estudios sociales con literarios. El análisis estético ha dejado de existir. Está muy visualizada la literatura actual y la literatura no es visual. El gran olvido es que la literatura es auditiva. Cuando se oye
hay que escuchar con más atención. Cuando se lee, que es una forma
de oír, también hay que hacerlo con atención. En eso consiste su placer.

Por eso mi puntuación también es diferente a lo habitual y no sigue reglas. La literatura debe sorprender, si no para qué sirve.
Cuando me traducen al inglés tratan de eliminar mis abundantes dos
puntos, pero yo los uso, si te das cuenta, para destacar precisamente
un pequeño fragmento dentro de la frase. Es también totalmente
opuesto a la moda actual, pero a mí interesa más la lentitud y no la
lectura rápida y superficial. Obligo al lector a detenerse y le exijo
complicidad. Le digo: «Detente. Mira, aquí hay algo. Piensa». ¿Por
qué? Porque precisamente no quiero que se pierda la facultad de pensar, de leer, de meditar, de gozar de la vida. Yo creo que tanta anécdota logra un efecto contrario: te impide gozar de la vida. Gozar de
la vida es quedarte quieto y estático en una cosa. Mirándola, viéndo-
la, oyéndola. ¿Qué posibilidades te ofrece? Así sea un vaso de agua,
lo que sea, porque un vaso de agua no es nada más un vaso de agua.
Esos son los detalles que tiene que explicar el escritor.

Otra cosa que va en contra de la moda es que hay diálogos pero
esparcidos. ¿Por qué?

Depende, porque tengo otras obras que son a base de puro diálogo. Yo no me apego a un sólo modelo como en la novela actual que

es por reglas, por patrón. Lo tienes y ya haces tu novela y te repites ochenta veces con el mismo patrón. Yo no lo hago. Cada novela la considero como una obra de arte, de artesanía, que es única. Como el alfarero que hace un jarrón, que no lo va a repetir por más que quiera. Siempre va a quedar diferente. Así hago cada libro. Es un compromiso muy grande que pocos escritores asumen. Si puedo no me repito. El uso mayor o menor de diálogo no me limita y varía según las necesidades.

¿Quiénes fueron los autores que influyeron tu estilo?

Vengo de una familia que leía mucho. Mi padre era periodista y mi madre, aunque nunca hizo estudios en regla, era gran lectora y tenía una gran sensibilidad para descubrir a los buenos autores. Desde la infancia viví siempre en ambiente de adultos y estuve recibiendo su información. Fui una lectora voraz desde que aprendí a leer, desde los cinco o seis años. En esa primera etapa me leí todo lo fundamental de la literatura. Leía más de niña, de adolescente y de joven que actualmente. Porque actualmente me dedico más a la reflexión y a la escritura. Solamente hay ciertos autores que sigo leyendo, pero no como en esa época. Leer en la infancia es primordial: es la verdadera fuente del conocimiento. Te da todo: te da el dominio del lenguaje, te da la perfección de la frase, la musicalidad de la poesía, el poder de la imaginación. No sé si quieres que te hable de nombres concretos...

Sí.

En la infancia serían los clásicos: Charles Dickens, Emilio Salgari, Jules Verne, Mark Twain. Junto a esos, mis padres me daban a leer a García Lorca, Juan Ramón Jiménez, la generación del 98: Unamuno, Machado, Ramón Gómez de la Serna, Azorín, y las lecturas clásicas: la Biblia, *La Ilíada*, *La Odisea*, *El Poema de Mío Cid*, los cuentos de hadas. Además, leía también a los franceses: Victor Hugo, Proust, Flaubert, Dumas. A los ingleses: Walter Scott, Charles Dickens, las hermanas Brontë, Jane Austen. ¿Qué más? Luego llegaban aquí a México, durante la Segunda Guerra Mundial, muchos libros de Argentina. Entonces leí a autores argentinos y brasileños. Más tarde me entusiasmé con la literatura española del Siglo de Oro: Cervantes, el teatro, la mística y la picaresca y, tal vez, sea este período el que más me ha influido. Luego descubrí a Gershom Scholem y la Cábala, que ha sido definitiva en mi obra.

¿Autoras mexicanas?

Yo leí a autoras muy tempranamente. Mi madre era un personaje muy curioso porque aunque no tuvo educación formal, como te dije, sin embargo leyó tanto y se cultivó tanto que sabía muchísimo. Sus simpatías estaban con las primeras feministas de la década de 1920 en España. Me contaba acerca de ellas y de sus ideas. Me dio a leer las obras de Concepción Arenal que fue una abogada muy famosa en aquella época. También leí tempranamente, cuando salían sus primeros libros, a todos los existencialistas, desde luego a Simone de Beauvoir, que fue muy importante para mí en cierto momento. En cambio, la literatura mexicana la leí tardíamente, ya cuando entré a la Facultad de Filosofía y Letras, a los 18 años, más o menos. En esa época, te estoy hablando del año de 1955, empezaban a ser conocidas Rosario Castellanos, Inés Arredondo, Luisa Josefina Hernández y otras más, pero aún no publicaban sus obras más famosas. Yo empecé a publicar en la década de 1960, en revistas y en periódicos. Mis primeros libros son de la década de 1970 y coincido con ellas.

Dentro de la literatura universal hay muchas escritoras que me interesan. Iris Murdoch es una de mis preferidas, por ejemplo, otras más son: Marguerite Duras, Marguerite Yourcenar, Clarice Lispector, Emilia Pardo Bazán, Rosalía de Castro, Rosa Chacel, Nuria Parés, Ana María Matute, Carmen Martín Gaite. Desde luego que María Zambrano, que está entre filosofía y poesía, la única gran filósofa mujer que hay. No sé si la has leído.

No.

Te la recomiendo porque si queremos establecer prioridades, hay que pensar en las buenas escritoras, para no caer en la trampa mercantilista. María Zambrano es imprescindible por su análisis de las interrelaciones entre poesía y filosofía, y su creación del término de «razón poética», frente a la «razón vital» de Ortega y Gasset.

¿Hay autoras mexicanas recientes a quienes admiras?

Realmente no, porque la mayoría de las escritoras ha elegido una literatura muy ligera, muy «anecdotaria», muy superficial. Son pocas las que hacen un trabajo interesante y serio. Entre ellas destaco a Esther Seligson, a Aline Pettersson y las poetas Miriam Moscona, Gloria Gervitz, Pura López Colomé.

En cuanto a tu estilo, cuando hablas tienes una mezcla bonita de lo español y lo mexicano. ¿Estás consciente cuando escribes de inventar un idioma que está entre lo peninsular y lo mexicano?

Sí, de hecho es un reflejo de mi manera de hablar. No trato de forzar mi expresión, porque creo que en eso consiste su originalidad. Así como al hablar mezclo características de ambos idiomas. En México se me confunde con española y en España con mexicana. Quiero dar ese rasgo híbrido de lo «hispanoamericano» como algo propio de mi generación de escritores. Como sabes, los hijos del exilio español de 1939 fuimos un pequeño grupo de escritores que nos propusimos describir esa situación político-cultural que vivimos, aunque ahora estemos en otra situación y nos interesen otros temas.

Quisiera hablar un poco del lado conscientemente intelectual. Desde Morada interior *te interesa lo intelectual. ¿Por qué?*

No hago separaciones entre lo intelectual y la experiencia de la vida. Creo que es lo mismo. Lo intelectual y su reflejo en la imaginación es una experiencia tan real como que te atropelle un automóvil. Son dos facetas de lo mismo, con la diferencia que la primera es una aventura interna, pero igual de trasmisible para los demás. La vida interior contiene peripecias y aventuras que cobran vida por la palabra: puedes pensar en un asesinato sin ser asesino. Por ejemplo, los sucesos tan escalofriantes en mi libro *Las confidentes* que no corresponden a algo personal, sino imaginado o intelectualizado. De nuevo, esa riqueza del mundo literario es lo que a mí me interesa.

¿Ves una progresión en tu obra desde Morada interior *hasta* El mercader de Tudela?

Sí, hay una progresión y al mismo tiempo una fidelidad. Manejo de otro modo los elementos, de una manera más amplia, más extensa. Incluso se ve en el tamaño de los libros. Básicamente las ideas, el pensamiento, las inquietudes, siguen siendo los mismos porque son inquietudes que no se pueden resolverse. Por eso la necesidad de escribir. Como no pueden resolverse, retomo las inquietudes desde otro ángulo. ¿Te acuerdas cómo termina *La sal en el rostro*? Son cinco palabras: «Yo no he entendido nada». Ésa es mi posición. Yo no entiendo nada del mundo. Sólo lucho por entenderlo.

¿Ves una progresión en la técnica en las novelas?

De nuevo, volvemos a otro de mis problemas. Nunca tengo un género definido, pero así es, así me gusta y así lo mantengo. No creo que mis novelas sean novelas; no creo que mis cuentos sean cuentos; no creo que mis poemas sean poemas, ni los ensayos, ensayos. Me doy una gran, gran libertad porque la necesito. No puedo encasillarme; no puedo cumplir con reglas. En *Morada interior* unos capítulos son de media página y otros son de cinco, seis páginas. En *El mercader de Tudela* me discipliné un poco más porque al tratar de un viaje tiene que ser organizado. Allí sí, casi cada capítulo tiene el mismo largo. Casi. Pero en *Dulcinea encantada*, un libro bastante complejo, ya que es un libro apocalíptico y está divido entre los siete sellos del Apocalipsis, los capítulos carecen de división porque es un monólogo constante. Depende del caso. De nuevo, no tengo una técnica fija. La voy utilizando según me conviene, libremente.

Eres muy prolífica. ¿Cuál es tu método para escribir? ¿Escribes todos los días?

Todos los días y todas las horas. Ahora mismo estoy hablando contigo pero en realidad estoy escribiendo. Yo me aparto sin irme. Puedo estar hablando y puedo estar pensando en otra cosa. No sé... Tengo esa doble capacidad. De hecho, escribo varias obras al mismo tiempo. De niña le decía a mi madre que tenía muchos compartimientos en la cabeza. Cuando iba a hacer el examen de geografía, abría el cajoncito de geografía. Cuando iba a hacer el examen de literatura, abría el de literatura. Mi única regla es ésa: es estar tan compenetrada con el mundo de la literatura que se convierte en mundo vivo. No creo que el mundo vivo es lo que pasa fuera. Quedarte en el exterior es un error porque no lo interiorizas, no lo haces tuyo. Hay otra manera de escribir que es durmiendo. Lo que sucede en sueños es materia de escritura tan poderosa que me despierto y tengo que escribir de inmediato lo que soñé. Por eso el proceso de escribir nunca termina. Puede ser que esté en el cine y mientras veo la película empiezo a escribir mentalmente. O que esté en un concierto y esté también escribiendo. O en una exposición de pintura, y en realidad, esté escribiendo mientras veo los cuadros.

¿Entonces ya tienes las ideas que vas a escribir o tienes las palabras?

No, no necesariamente. Lo que hago es recibir del mundo todo lo que me llega, pero trato de que me llegue de manera no prejuiciada, ¿me entiendes? Puede ser cualquier cosa que vea, o puede ser que oiga una palabra. Entonces me abre puertas. Generalmente las obras largas, las novelas, las estoy pensando muchos años, a veces de una manera un poco inconsciente, sin darme cuenta. Pero estoy pensando y tengo un principio de idea, aún no clara. Otras veces es una noticia del periódico. Puede ser cualquier cosa. Guardo recortes del periódico. Todo lo aprovecho para escribir. Como verás, es una obsesión, ¿no?

De los libros que has escrito, ¿cuál es tu favorito?

La verdad, no sé. Hay muchos que he desechado, que no he publicado. Muchas novelas, muchas cosas fallidas. Depende del momento, porque cuando terminas una novela, te desentiendes de ella. En general, la que más te preocupa es la que estás haciendo porque la anterior ya la terminaste. Entonces sobre lo ya hecho, eso ya no me importa, ya pasó, ya tuvo su momento. Si a alguien le gusta, pues qué bien. A veces pienso que mi libro preferido es *Morada interior*, o *Dulcinea encantada* o *El mercader de Tudela*. No sé. No estoy segura. En general, el que estoy escribiendo es el preferido, pues es el que requiere de mi energía y de mi voluntad.

¿Cómo te ha afectado en términos profesionales ser mujer?

Tampoco lo sé, porque en mi caso se conjugan muchas cosas que me *marginalizan*. Seymour Menton, en su libro sobre *La nueva novela histórica en América Latina* me dedica un capítulo y afirma que si soy poca conocida se debe a mi triple calidad de mujer, exiliada española republicana y judía. A lo que agrego mi posición literaria no conformista.

Empecé a publicar en la editorial Joaquín Mortiz, la más selectiva de entonces. Publicar *Morada interior* en esa editorial fue todo un triunfo. Las únicas mujeres que habían publicado antes eran Rosario Castellanos, Josefina Hernández, Elena Garro y María Luisa Mendoza. Después, me publican a mí, aunque con una espera de tres años. El segundo libro corrió con peor suerte, pues me lo publicaron cinco años después de su entrega. Como los editores saben que mi obra no es comercial, cuando aparece un autor muy famoso, la mía se va a la cola otra vez. Eso y no pertenecer a ningún grupo de poder, no me han ayudado que digamos.

¿Te frustra haber ganado tantos premios y que estos libros estén agotados en las librerías?

No. Me da gran orgullo. No escribo por eso. No escribo por el dinero ni por los criterios que se han impuesto últimamente. Como mi obra es apreciada por gente a la cual yo aprecio mucho, con esa satisfacción es para mí suficiente. Se han escrito tesis en varias universidades de México y del extranjero y me invitan con frecuencia a impartir conferencias o a hablar de mis libros.

Mi última pregunta sería sobre tus futuros proyectos.

Sí. Estoy escribiendo mucha poesía últimamente. He pensado que después de todo si voy a estar tan *marginalizada*, entonces hay que *marginalizarse* del todo. La mejor *marginalización* es entrar en la poesía porque todavía te leen menos y es más difícil que te editen. Diríamos que es la gran rebeldía. Acabo de empezar una nueva novela que no sé dónde me publicarán. Ahora que me doy cuenta casi todas las editoriales que me han publicado, han quebrado. Hay un refrán español que dice: «Dios los cría y ellos se juntan».

OBRAS DE ANGELINA MUÑIZ-HUBERMAN

POESÍA

Vilano al viento: Poemas del amor y del exilio. México D. F.:
 UNAM, 1982.
El libro de Míriam y Primicias. México D. F.: UAM, 1990.
El ojo de la creación. México D. F.: UNAM, 1992.
La memoria del aire. México D. F.: Facultad de Filosofía y Letras,
 Coordinación de Humanidades, UNAM, 1995. Premio José
 Fuentes Mares, 1997.
El trazo y el vuelo: Poemas. Salta: Editorial Biblioteca de Textos
 Universitarios, 1997.
La sal en el rostro. México D. F.: UAM, 1998.
Conato de extranjería. México D. F.: Trilce Ediciones, 1999.

CUENTO

Huerto cerrado, huerto sellado. México D. F.: Editorial Oasis, 1985.
De magias y prodigios: Transmutaciones. México D. F.: FCE, 1987.
 Premio Internacional de Literatura Judía Fernando Jeno, 1988.
«Primicias». En: *El libro de Míriam y Primicias.* México D. F.:
 UAM, 1990.
Serpientes y escaleras. México D. F.: Coordinación de Difusión
 Cultural, Dirección de Literatura, UNAM, 1991.
Narrativa relativa: Antología personal. México D. F.: CONACULTA,
 1992.
Trotsky en Coyoacán y otros sucesos. México D. F.: ISSSTE, 2000.

NOVELA

Morada interior. México D. F.: Joaquín Mortiz, 1972. Premio
 Magda Donato, 1972.
Tierra adentro. México D. F.: Joaquín Mortiz, 1977.
La guerra del unicornio. México D. F.: Artífice, 1983.
Dulcinea encantada. México D. F.: Joaquín Mortiz, 1992. Premio
 Sor Juana Inés de la Cruz 1993.
Castillos en la tierra: (Seudomemorias). México D. F.: CONACULTA,
 1995.
Las confidentes. México D. F.: Tusquets, 1997.
El mercader de Tudela. México D. F.: FCE, 1998.

Molinos sin viento: (Seudomemorias). México D. F.: Aldus, 2001.
Areúsa en los conciertos. México D. F.: Alfaguara, 2002.

ENSAYOS

Notas de investigación sobre la literatura comparada. México D. F.: Facultad de Filosofía y Letras, UNAM, 1989.
La lengua florida: Antología sefardí. México D. F.: UNAM / FCE, 1989.
Las raíces y las ramas: Fuentes y derivaciones de la Cábala hispanohebrea. México D.F.: FCE, 1993.
Las voces de la mística en Ramón Xirau. México D. F.: Facultad de Filosofía y Letras, UNAM, 1994.
El canto del peregrino: Hacia una poética del exilio. Barcelona: Facultad de Filosofía y Letras, Universidad Autónoma de Barcelona, Cop d'Idees, 1999.
El siglo del desencanto. México D.F.: FCE, 2002.

AUTOBIOGRAFÍA

De cuerpo entero: Angelina Muñiz-Huberman. [*Am-H: El juego de escribir.*] México D. F.: Coordinación de Difusión Cultural, Dirección de Literatura, UNAM / Corunda, 1991.
Mujeres que cuentan: Siete escritoras mexicanas de su puño y letra. María Luisa Mendoza (ed.). Intro. Isabel Custodio. México D. F.: Ariadne, 2000, 12, 55-89.

OBRA EN ANTOLOGÍAS

De frente y de perfil: Semblanzas de poetas. Myriam Moscona (ed.). México D. F.: Secretaría General de Desarrollo Social, 1994.
Las coreutas: Antología de narradoras mexicanas del siglo xx. Giovanna Minardi (ed.). Lima: Universidad Nacional Mayor San Marcos, 1995.
El gran libro de América judía. Isaac Goldemberg (ed.). San Juan: Universidad de Puerto Rico, 1998.
Las palabras de Míriam: Voces de poetas judías latinoamericanas. Madrid: Torremozas, 1999.

Entrevista con Rosa Nissán

[En el coche en la Colonia Condesa.]
A ver Rosa, ¿hasta qué punto son autobiográficas tus novelas?

Un setenta y cinco por ciento. [Señala una casa.] Mira, en *Novia que te vea*, la casa es esa casa. Era la casa de mi abuelito. La historia de *Novia que te vea* todo ocurre en casa del abuelito, que era la casa de mi abuelo. Y ésta es la casa. Es linda, ¿verdad?

[En su departamento en la Colonia Condesa.]
Entonces, un setenta y cinco por ciento de tus novelas es autobiográfico. El veinticinco por ciento que resta, ¿qué sería?

Cosas que yo necesitaba... Por ejemplo, yo me casé con un muchacho que su papá era un jugador que estaba todo el día en las carreras. Eso no dije en la novela. Dije que era bailador. Cosas así, que no son importantes. Tampoco tenía yo que molestar a mis hijos, ¿no? Pero la mayor parte es mi vida, claro. Las dos novelas se tradujeron al inglés en un solo libro, no en dos como en español.

El detalle de que cuando el esposo roba el coche y después devuelve la cámara, ¿eso sí pasó?

Claro. Es lo primero que hacen los maridos.

¿Hay alguna parte en la novela que no es autobiográfica?

Si lo quité es que no quería que saliera. Y ahora, ¿cómo quieras que yo te lo diga?

Lo que estoy buscando es si hay algo del libro que no haya ocurrido y sea ficción.

Casi todo pasó. Claro, hay cosas, por ejemplo con la religión. Yo con los judíos más ortodoxos tengo muchos problemas. Tengo problemas porque ellos no nos respetan a las mujeres, yo tampoco a ellos. Y tengo familia. Mi tía Chelita está casada con los más religiosos, con los súper-ultra ortodoxos de México. Quiero mucho a mi tía, pero me sacan de quicio la interpretación que le hacen a la religión. No la religión, sino la interpretación que ellos hacen. Me da coraje que los religiosos no me den la mano, que no nos dejen a las mujeres cargar los libros sagrados, que nos digan impuras, que en la sinagoga nos sienten en el segundo piso sin participar en el rezo, que nos pongan atrás de una cortina. Tengo otro libro que es *Las tierras prometidas*. En esa crónica utilizo el recurso de un viaje para hablar de mis problemas con mis dos identidades. Mi conflicto de ser judía en un país donde somos minoría. Pues uno viene vía Irán, vía Persia, vía Palestina en que el trato para las mujeres es tremendo. *Novia que te vea* está escrito con rabia, ¿no? Pero con una rabia dulce, porque fui educada como casi todas: para ser mujer dulce. Hasta mi rabia es dulce. No sé enojarme bien. Me enojo haciendo un libro que platica una niña inocente. ¿Me entiendes? Una rabia disfrazada de inocencia. Porque ésa sí está aceptada, la inocencia. Yo tengo coraje. Ésa es la verdad.

¿De dónde sale ese feminismo si creciste en una casa que era más bien conservadora?

Nace del coraje de ver la desigualdad, de ver la presión, de ver que hay que pagar dote para que te cases. De que una tía tuya no se casa pronto porque no se llega al precio y eso me despierta rabia. Pero está disfrazada. Yo ya no sé si se ve. ¿Se ve? Está disfrazada.

¿Había lecturas de cosas feministas?

Yo no tuve libros. En casa de mis padres no había libros. Tú no eres judía, ¿verdad? Yo veo que mis amigas no judías han heredado las bibliotecas de sus abuelos. Nosotros no tenemos herencias de libros porque soy la primera generación de nacidos en México. Los abuelos se vinieron a América con una petaca. Entonces nadie heredó un libro ni un mueble. Nadie hereda nada.

Entonces, ¿tu feminismo viene más bien del medio ambiente mexicano?

Estuve en colegios israelitas hasta los quince años. Como tú te diste cuenta en este libro, Oshinica sólo tiene amigas judías. Es un mundo muy limitado. Afortunadamente, empecé a tener amigas no judías hasta más o menos a los treinta y ocho años y me hago más amiga de ellas porque me voy adueñando de mi vida y yo soy la que elige. Ya no tengo que ver si le parece bien a mi marido y eso. Así fui educada. Me desespera haber hecho durante cuarenta años lo que otros quisieron que hiciera. Esto me saca de quicio porque es un período de la vida muy largo. O muy corto el otro, de cuarenta a sesenta que tengo. Es muy corto. Se me acaba rápido este segundo tramo que es el de más fuerza.

Y el recurso de usar un diario, ¿cómo decidiste usarlo?

Así salió. Lo más fácil fue para mí hacerlo como un diario. Es mi primer libro.

Es muy hábil tu técnica. Esas transiciones entre cuando ella reconoce que está escribiendo un diario y los diálogos son muy fluidas. ¿Tuviste que trabajar para que saliera así?

No me costaron tanto trabajo estos libros. El que me está costando más trabajo es el que estoy haciendo, *Los viajes de mi cuerpo*. Bueno, el que ya terminé, pero lo mandé ahorita a un concurso. Sin embargo, se lo di a leer a una amiga y me hizo notar dos errores de tiempos y entonces lo voy a tener que releer todo. Además una *personaja* en la que yo me inspiré, me habló para decirme que está enojada. Está enojada porque yo ya conté a unas amigas que en ella me inspiré. En ella me inspiré, pero yo ya hice miles de cambios. Ni es ella sola. Ahora ya me tengo esta carga encima y ahora, ¿qué hago? No quiero que se enoje mi amiga. Pero este libro se va a publicar, ¿no?, de todas maneras. Pero la tengo que maquillar más. Quiero que este libro salga este año.

Y ¿de qué se trata?

¿Leíste mi libro de cuentos? En ese libro hay tres cuentos que son parte de esta novela. En uno mi *personaja* se llama Olivia. Te lo voy a enseñar. Es parte de la novela. Ya no son dos niñas judías. Son dos mujeres de cuarenta años, gordas, llenas de vida, muy simpáticas y es un libro muy bonito, digo yo. Pero, esta novela me está costando más trabajo que todos.

Me interesa el tipo de feminismo que aparece en Hisho que te nazca. *Cuando ella hace una lista con una amiga de cómo debe ser el hombre ideal. Y luego en el cuento que se trata de los hombres...*

«Plastimachos».

Sí. Ese feminismo quiere controlar mucho al hombre.

¿Quiere controlar al hombre?

Sí. O hacer una especie de robot. Es casi caballeresco lo que están buscando estas mujeres. Es un feminismo que quiere un hombre sumiso. El hombre se queda enamorado por toda su vida y obedece a la mujer. Él siempre muestra respeto y no desarrolla su vida aparte de la mujer porque la mujer puede encender o apagarlo.

¿Quiere un hombre sumiso? ¿Es lo que tú viste?

Sí. No sé qué ves tú.

Ese cuento para mí fue como una diversión, un divertimento. Lo escribí después de que me casé. Juan José Arreola tiene un cuento de las mujeres de plástico. No me acuerdo del título exacto de ese cuento y simplemente me dije: «Ah, bueno, yo voy a hacer uno de hombres de plástico». Ustedes quieren mujeres, nosotras vamos a hacer los nuestros. Empecé a utilizar los modelos que mis amigas y yo hemos conocido a lo largo de la vida, ¿no? Me decían a mí: «No, no, no, no, no, haz uno que sea así». «No, sería bueno así». Tengo tantos modelos que ya no metí allí porque fue saliendo como una cosa divertida para mí y fue nada más un divertimiento como respuesta o como una pequeña venganza a un cuento de Arreola.

Yo vi esa parte de venganza que estás invirtiendo los términos, pero realmente no es igualdad. No es una crítica, simplemente me interesa.

Fue ese texto el primero de todos. Si se publicó hasta ahorita fue porque para un libro de cuentos tienes que juntar los suficientes textos para que salga un libro.

Me interesa también en la transición entre la voz de niña y la voz de adulto que se ve entre las dos novelas. Es convincente y auténtica esa transición. ¿Cómo era encontrar la voz de niña y paulatinamente hacer una transición hacia una mujer ya madura? ¿Salió naturalmente?

La voz de la niña salió naturalmente. Ese libro empecé a escribirlo sin saber que iba a ser un libro. Como así a los... Recién me divorcié y me divorcié a los cuarenta años como Oshinica. Antes no escribía aunque yo estaba en el taller de Elena Poniatowska. No escribía. Estaba allí nada más sentada. Además, ya viste en el libro cómo fue que me metí. No es que tenía yo como ideal escribir. Eso no fue mi camino. No fue... Sucedió que allí apareció Elena y me dijo: «Órale, escribe». Pero respondiendo a tu pregunta, sobre cómo hice la transición de niña a mujer, ya no fue tan naturalmente. Fue trabajo.

Me interesa que en la segunda novela hay toda esa transición también. Empieza a ser más y más meta literatura o una meta novela en donde esa voz narrativa está pensando en Oshinica, pero a la vez es Oshinica. Está pensando en el taller y está escribiendo una novela de taller a la vez que tiene la experiencia. ¿Te divirtió desarrollar esos niveles? Me hacer pensar en un espejo frente a un espejo. ¿Oshinica piensa en Oshinica o es una voz narrativa que piensa en Oshinica?

Pues, mira, yo tenía ganas de hablar de la maravilla que es la solidaridad entre mujeres. Yo sé que a veces la gente que lee ve otra cosa en la novela que uno no tenía pensado y eso es lo más interesante. Y eso es lo interesante de las entrevistas, que alguien me entreviste y me diga algo que yo no había pensado. En realidad quería hablar de la solidaridad femenina. Y hablé, ¿no? Porque tuve la suerte de tener la solidaridad femenina en mi grupo en mi taller literario.

Entonces, tampoco sabía yo dónde iba a acabar la novela. No iban a ser dos novelas; iba a ser una. Entonces, le dije a Elena: «Y esto ¿qué? ¿Cuándo acabaré? ¿En dónde acabaré?» Pues se puso así a ver y me dijo: «Mira Rosita», me dijo, «¿por qué no la terminas aquí? ¿Porqué no la terminas aquí y esto lo pones en otra? Y así publicas una». Después ya decía yo: «¿Dónde voy a acabar esta novela? ¿Adónde voy?» Todavía no sabía. Quise agradecerle a Elena. En parte a agradecerle la enorme deuda que yo tengo con ella. Me pareció tan poco decir aquí: «Le dedico esta novela a Elena», ¿no? Era tan poco esto para tanto que me dio, porque mi vida toda cambió. Yo era una mujer que jugaba barajas. Tú viste esta novela. Era simplemente una mujer que jugaba a barajas y su mundo es así, chiquito, que no está abierta a su país donde nace. Eso es grave. Yo amo a este país. Mi mundo es más grande; ya no es así de chiquito. No si sé te contesté. Es que yo no me fijé en las cosas que tú viste. Yo quise hablar de solidaridad. Quiero promover la solidaridad entre mujeres.

¿Y tú ves a Poniatowska como una líder de esa solidaridad femenina?

[Señala que sí.]

¿Has leído La bobe *de Sabina Berman?*

Me encantó esa novela. Tengo ganas de releerla. Me hizo llorar. Me encantó. La voy a volver a leer ahorita que estoy dando un curso de biografía. También para darla en clase.

¿Cómo hiciste para encontrar esa voz de niña que Berman también encontró? Me dijiste que salió naturalmente, pero ¿cómo fue?

Salió naturalmente porque en ese momento seguía siendo muy aniñada. Y claro, al final, le quité las reflexiones que no fueran posibles en una niña. Se sacrificaron. ¡Fuera, fuera! Eso no lo puede pensar una niña. Al principio lo hice así, como sale, como se escribe. Después te encargas de quitar y quité todas las reflexiones adultas. Va *pa'fuera*. Va *pa'fuera*. Y quedó la niña.

¿Tienes influencias de mujeres que hayan escrito?

Creo que sí, pero...

¿Escritoras favoritas?

Pues, mira, empecé en aquellos momentos que hice *Novia que te vea* y leía los diarios de Anaïs Nin. Me gustaban porque era una mujer que decía cosas... Yo no sabía decir nada. Yo creí que todo era silencio. No sabía que se podía habar de todo. Me empecé a asombrar mucho, primero cuando empecé a hablar. Hablar escribiendo, ¿no? Y que cuando dices cosas con mucha sinceridad, entonces es cuando la otra gente se siente identificada. Entonces... ése era el secreto. Decir el secreto para que la gente se acerque a ti. Era ser natural. Y Elena es la maestra en la naturalidad.

¿En su literatura?

En su vida. En su vida.

¿Alguna obra en particular de Poniatowska que realmente te llega o te influyó?

Sí, su vida. Ella. Ésa es la obra más grande de Elena. Su vida. Para mí. Creo que yo no fui muy buena lectora. Primero, no había libros en mi casa. Leía cuentos de hadas que me prestaban. Luego me casé y compraba libros para mis hijos y enciclopedias para mis hijos, colecciones de libros para mis hijos y leía poco. Muy poco. Además jugaba mucho a la baraja. Jugaba mucho con mis niños también. Jugaba como niña porque yo estaba niña. Entonces, tuve una niñez muy larga. No digo que sea bueno. Simplemente fue. No estoy juzgándome. Nada más digo: «Bueno, ¿cómo jugaba tanto yo?» Jugaba todo el día. Casi todos los días me iba de día de campo con los niños. Yo jugaba todo el día a la mamá. Fui la mayor de seis hermanos, a quienes cuidé. No tenía ningún problema económico. Me gustaba más estar con niños. Ahora no quiero jugar con niños, ni con mis nietos juego ya, porque le encontré mucho sabor a los adultos, a lo adulto, a la literatura. Ahorita estoy leyendo mucho para mis clases porque tengo dos talleres. Me preocupan mucho mis talleres. Me ocupa mucho ser buena maestra, mucho. Me gusta. Al principio me ponía nerviosa. A veces los alumnos tienen muchos más estudios que yo. Entonces, pues, yo tengo tres años preocupándome por ser buena maestra. Tal vez por eso no he podido escribir. Bueno, tengo una novela que terminé. Y toma tiempo ganarme la vida... Y, bueno, soy fotógrafa. Sí, sí, ya sé que sabes. Mira, escribí un diario de un viaje a

la India en forma de cartas. Son veinte cartas y se va a publicar. Pero
también estoy preparando una exposición con una amiga sobre India-
México. Paralelismos, símiles. ¿En dónde se encuentran o en dónde
se parecen estos dos países? Estamos juntando fotos. Pero me desvié
porque todo fue a partir de la voz de niña, ¿cómo la encontré? Lo difícil para mí fue tener la voz de adulta. Es que sí, yo creo que fue tremendo tener una infancia de cuarenta años. Por eso no me costó ningún trabajo la voz de una niña.

OBRAS DE ROSA NISSÁN

CUENTO

No sólo para dormir es la noche. México D. F.: Nueva Imagen, 1999.

NOVELA

Novia que te vea. México D. F.: Planeta, 1992.
Hisho que te nazca. México D. F.: Plaza y Janés, 1996.
Los viajes de mi cuerpo. México D. F.: Planeta, 2003.

LIBROS DE VIAJE

Las tierras prometidas: Crónica de un viaje a Israel. Barcelona: Plaza y Janés, 1997.

PELÍCULAS

Novia que te vea. Instituto Mexicano de Cinematografía; Producciones Arte Nuevo; Fondo de Fomento a la Calidad Cinematográfica. Dirección Guita Schyfter, 1993.

Entrevista con Susana Pagano

¿Me puedes platicar de tus estudios y tu interés por la literatura?

Empecé la carrera de Letras como tres veces o cuatro, ya ni me acuerdo. Pero nunca me gustó. Nunca me sentí realmente satisfecha. En donde sí me sentí muy contenta fue en la escuela de escritores, de la SOGEM (Sociedad General de Escritores de México). Aunque es un diplomado que sólo dura dos años, siento que aprendí mucho allí. Conocí a gente del medio y tuve maestros muy importantes —Hugo Argüelles principalmente, pero también Vicente Leñero, Eduardo Casar y José Antonio Alcaraz contribuyeron a mi formación—. Después cursé un diplomado en España, en la Universidad de Barcelona, que duró un año. Se llamaba Estudios Hispánicos, donde llevaba historia antigua y contemporánea de España, literatura antigua y contemporánea de España y literatura latinoamericana. Hice también algunos otros cursos y diplomados que no tiene caso mencionarlos. Ahorita, por ejemplo, estoy en un curso de acercamiento a la filosofía y religión de la India, que tomo para la nueva novela que voy a escribir. ¿Por qué me metí a la India? No me lo preguntes. Quizá me metí en un lío espantoso, a ver qué sale.

¿Siempre has sido escritora? Te gusta leer, supongo.

Sí. Cuando era niña, hacíamos muchos viajes por carretera. No viajábamos en avión, porque era muy caro, sino que nos transportábamos en coche por toda la República. Nos llevaban a Durango, porque parte de mi familia es de allá y hacíamos recorridos muy largos. Llegamos a ir hasta Estados Unidos en coche, a Las Vegas. Bueno, llegamos a ir hasta Canadá en puro coche. Camión o coche. Estos viajes, como te imaginarás, eran unas travesías enormemente largas e insufribles para los niños que éramos mis hermanos y yo. De alguna manera teníamos que matar el tedio. Entonces, nos contaba de la historia de Inglaterra, principalmente, porque le fascinaba. De Enrique VIII y sus veinticinco mil mujeres, que a todas las mató. Era muy interesante porque lo hacía muy entretenido y no era algo que nos presentara como una clase de historia. Durante las noches, mi papá nos contaba las historias de terror, porque era lo que se esperaba a esas horas. Digamos que eso, de alguna manera, me influyó mucho porque me gustaba escuchar historias e imaginármelas porque yo las veía. Todo lo veía en mi mente.

Gracias a que yo veía que mi mamá leía mucho, me acerqué a la lectura. Buscaba qué leer y leía todo lo que me encontraba en mi casa. Había mucha novela rosa y, claro, a la edad de nueve, diez años, es buen material de lectura. Sin embargo, siempre me decepcionaban. Pensaba: «Son horribles. Siempre acaban igual». Como las telenovelas, ¿no? Todas son lo mismo; todas cuentan una historia de amor y acaban con un final feliz. Como yo siempre he sido un poco tremendista, no me preguntes por qué, yo quería que acabaran en diferente, que por lo menos se muriera alguien importante en la historia. Un día decidí que iba a escribir la historia que a mí me hubiera gustado leer. A los doce años empecé a escribir mi primera novela. Quedó inconclusa y guardada en un cajón por obvias razones. En ese momento no pensaba ser escritora. No era algo que yo creyera que pudiera ser una profesión; simplemente lo hacía para mí, porque me gustaba, porque allí yo iba a encontrar lo que yo quería leer. Seguí escribiendo otras historias, luego algunos cuentos.

Ya en la secundaria, cuando tenía como catorce o quince años, estando en clase, (fui malísima estudiante), en lugar de atender a los profesores, me ponía a escribir. Mi amiga, que era igual de burra que yo y quien, por cierto sigue siendo mi amiga, se ponía a leer mis historias. Me decía: «Pásame el siguiente capítulo. Está buenísima». Digamos que ella fue mi primer fan.

A los quince años escribí otra novela. Ésa tampoco la terminé. A los diecinueve, escribí una que finalmente terminé, pero que también quedó guardada en un cajón. Lo que pasa es que a esa edad, la evolución intelectual y emocional que tienes es mucha y muy rápida. Evidentemente a los pocos meses de haber empezado una historia, la lees y ya no te gusta. Entonces, vas a lo que sigue. Así fue hasta que, a los diecinueve terminé una, pero pues tampoco fue la gran cosa.

De pronto, tendría como veinte años, decidí que quería ser escritora. Andaba yo pensando si me metía a Comunicaciones, porque decían que como escritora me iba a morir de hambre, pero nada me gustaba en realidad. Un día mi mamá fue a ver *Rosa de Dos Aromas*, de Carballido que entonces estaba en el Teatro de Coyoacán donde está la escuela de escritores. Cuando llegó mi mamá, vio un azulejo de Talavera que decía: «Escuela de escritores». Le cayó muy en gracia y me lo contó. Pues nunca lo hubiera hecho porque entonces dejé la universidad. Sin saber si me iba a aceptar o no, yo fui a hacer mi examen y me di de baja en la otra escuela. Afortunadamente me aceptaron, porque si no imagínate. Ya allí empecé a tomarlo mucho más en serio. Todavía estaba yo muy verde, muy joven, muy inexperta. Todavía lo soy, pero en ese entonces era más. Pues fue como abrir un mundo distinto y entonces dije: «Eso es lo que realmente quiero hacer y a eso me voy a dedicar».

¿Cómo fue que sacaste Si yo fuera Susana San Juan*? ¿Escribiste esa novela en taller?*

Yo estaba viviendo en España y cursaba un diplomado que se llamaba Estudios Hispánicos. La novela surgió de manera muy extraña, un poco de *destino*. Yo había leído *Pedro Páramo* hacía cinco o seis años. No era una novela que en ese momento tuviera presente en mi cabeza. Un día, caminaba por la Gran Vía saliendo de la universidad y pensé en lo curioso que era que el personaje femenino principal de *Pedro Páramo* se llamara Susana, como yo. Es una coincidencia nada más, pero eso fue suficiente para que yo empezara a imaginarme a una mujer que se llamara Susana y que se sintiera fascinada por el personaje de Susana San Juan, que de alguna manera, quisiera apoderarse más de la personalidad que veía en Susana San Juan. Allí mismo se me ocurrió la frase con la que empieza: «No es una coincidencia que Susana San Juan y yo nos llamamos igual». Era todo lo que yo tenía para escribir la novela. No sabía más. Así empecé a escribir cosas que me venían a la mente. Todavía ya avanzada la novela no sabía bien hacia dónde iba. De hecho, nunca lo supe bien. Fue una novela que se fue gestando sola. Tenía yo una vaga percepción de lo que quería contar, pero nada más. Llámese inspiración o llámasele como se le llame, me fueron llegando las ideas y los personajes.

Incluso el personaje de Anastasia, la abuela, surgió de una experiencia que tuve después de haber estado en Barcelona en la que conocí a una anciana que durante muchos años estuvo en un hospital psiquiátrico. Era una mujer tierna y bondadosa, pero sumergida en su propio mundo de fantasmas. Me dije: «Ésta tiene que ser un personaje. ¿Para qué? No sé. ¿Con qué fin? Tampoco sé. Pero va a ser personaje». En un principio, la metí en la novela como un mueble que adornaba la casa. Pero de pronto, tomó vida propia porque, además, le desarrollé una historia de amor. Así, se fue convirtiendo en un personaje mucho más grande, mucho más rico. En un momento dije: «Híjole, se va a comer a la otra. Va a comerse al personaje principal». Así es como fui creando estas dos historias paralelas. No tenía muy claro cómo las iba a enlazar, y que existiera una razón de ser para haber contado la historia de la abuela al mismo tiempo que la de Susana. Finalmente, se me ocurre esta idea de hacer que Susana, que ya se ha convertido en Susana San Juan, se convierta ahora en Anastasia y termine la historia de amor de su abuela.

Ahora, el premio... Yo terminé de escribir la novela en el 94. Yo la iba a mandar al concurso de Primera Novela Juan Rulfo. Era una novela corta que encajaba allí porque era primera novela. Pero, por una razón u otra, se me pasó la fecha de entrega, así que la mandé al premio José Rubén Romero, que yo lo veía mucho más difícil porque ya no era para primera novela. Yo no sentía que fuera una novela que pudiera competir a ese nivel, pero la mandé pensando que «lo peor que puede pasar es que no pase nada». Resulta que sí pasa y me dan el premio. Eso me sorprendió mucho y me aterrorizó porque se convertía en un reto para mí misma. [No] se publica la novela hasta el 98 porque nadie la quería publicar. Fui a muchas editoriales, a todas las conocidas que te puedas imaginar. Desde Era hasta Grijalbo, a Planeta, o sea, a todas. Y en todas me dijeron: «Pues no, ahorita no tenemos presupuesto. No, que ahorita no estamos publicando novedades o escritores nuevos, etcétera». Todas tenían un pretexto. La única que realmente me dijo sinceramente que no había pasado el dictamen fue Era, lo cual yo agradecí porque no me tenían por qué decir mentiras. Me sentía medio triste porque cuando tienes un premio a nivel nacional, dices: «Cualquiera me va a querer publicar». Y no es así. No es tan fácil. Eso también te enseña que este medio es mucho más difícil de lo que uno cree y que un premio no es la panacea ni te abre todas las puertas. Finalmente, la publicó Tierra Adentro y me fue muy bien, pues tuvo muy buen recibimiento. Se agotó bastante rápido, en un año y medio. Claro, fue una edición pequeña, mil ejemplares nada más. Así fue la de Susana.

¿Cómo fue el desarrollo de Trajinar de un muerto?

Ésa también la escribí en el extranjero. En aquél entonces, estaba viviendo en Nueva Zelanda con mi ahora ex esposo. Es un lugar tranquilo, pacífico donde no hay nada que hacer. Entonces, todo el tiempo me dediqué a leer y escribir mientras él trabajaba. Esa novela surgió porque, antes de que nos fuéramos para allá, él y yo estuvimos viviendo aquí en la Ciudad de México, en la Colonia Roma en una calle que se llama Zacatecas. Allá vivíamos en el edificio San José y teníamos una serie de vecinos muy extraños. Entre ellos, las mujeres que en la novela se llaman Florencia y Ernestina. Yo nunca supe sus nombres, por supuesto. Ni supe su historia ni nada. Todo era inventado y creado, pero de sólo verlas me causaban una sensación extraña. Se veía definitivamente que a la hija sí le faltaban unos tornillos. De hecho en alguna ocasión la madre comentó que la hija había estado en un hospital psiquiátrico. Me fascinaba verlas, imaginarme el tipo de vida que tendrían.

Luego, los dueños de la tienda La Covadonga existen. Está a una cuadra del edificio en donde vivía. Son de estas tiendas de españoles. Aquí en México hay muchas tiendas de abarrotes que están manejadas por españoles o hijos de españoles. Sobre todo antes, ahora ya no es tanto. La atendían los hijos que eran este par de personajes, que son Lolito y Hortensio, aunque en la novela no son españoles. Estaba también la tintorería en donde trabajaba un chavo más o menos de veinte años. Yo nunca le vi que tuviera tatuajes, pero me quiero imaginar que los tenía. Lo que sí se le veían eran los aretes. Tenía un montón de aretes por todos lados. Era un chavo carismático que, sin ser guapo, era atractivo y muy coqueto. Sonreía de forma muy seductora.

También existe la estética. De los demás personajes, uno de ellos también salió del hermano de la mujer que en la novela se llama Florencia, que es Jaime Cocinero. Él no vivía allí, pero iba muy seguido y daba la impresión de tener negocios turbios. Pues nada más de ver a todos estos personajes que deambulaban por la colonia y era gente que veías muy seguido porque vas a la tienda, porque vas a la tintorería, porque te los cruzas en el pasillo del edificio, se me ocurrió que debían tener una historia. Así fue como les fui inventado su historia a cada uno.

¿Tienes conciencia de influencia de otros libros en Trajinar de un muerto? *Pensaba en* La colmena *de Camilo José Cela o* Tiempo de silencio *de Luis Martín-Santos.*

Pues mira, definitivamente, uno siempre tiene influencias de escritores más grandes que uno. En *Susana* está la presencia de Rulfo. En *Trajinar* la verdad no sé. No es algo que yo tenga de manera consciente. Muchas veces me han dicho: «Tu novela me remite a tal o cual novela» y a lo mejor es una obra que ni siquiera he leído. Yo creo que hay influencia de los escritores del *Boom*, principalmente, quizá algunos españoles, aunque no tanto. Veo como que hay mucho localismo en mis novelas, más en *Trajinar* que en la de *Susana*, obviamente. No sé, quizá José Emilio Pacheco haya influido un poco.

¿Por qué dices el Boom?

A mí me gustó siempre el realismo mágico. García Márquez sobre todo, pero también Elena Garro con *Los recuerdos del provenir*. Todas estas novelas fueron de alguna manera dejando su semillita. Supongo que de todas hay un poco de influencia.

Me impresiona que en tu primera novela puedes lidiar con Rulfo sin someterte a su influencia.

Yo escribí esta novela un poco anestesiada porque todas estas cosas no las reflexioné hasta que ya la había escrito. Si yo lo hubiera pensado antes, a lo mejor no hubiera escrito nada. Sí tenía conciencia de que estaba pisando terreno peligroso. Sabía que me estaba metiendo con un personaje inmortal, tan fuerte y tan importante en la literatura mexicana que me podía traer problemas. Yo lo que decía era: «Lo voy a escribir y, si es una porquería, pues la tiro y ya. He tirado tantas otras cosas que escribí que con una más no pasa nada». No tenía yo esta conciencia tan fuerte de poder caer en una copia porque además, yo lo que quería era contar otra historia. No buscaba escribir una continuación o hacer un refrito de *Pedro Páramo*. Además, había algo que yo creo que es muy importante: esa Susana de la novela, tiene mucho de esta Susana, yo.

Después de que me vino la idea a la cabeza caminado por las calles de Barcelona, me puse a leer *Pedro Páramo*. La leí cinco o seis veces y la analicé. También leí acerca de la historia personal de Rulfo. Juan Rulfo me causaba una profunda ternura y me daban ganas de abrazarlo. Por desgracia, nunca lo conocí en persona, ni siquiera lo vi en televisión, sólo en fotos, pero con eso me bastaba para sentir una gran nostalgia.

En cuanto a Susana y su problema con otra personalidad que la invade, pienso en la novela Los deseos y su sombra *de Ana Clavel con la división entre Soledad y Lucía en el mismo cuerpo. ¿Tú crees que ese problema de la doble personalidad tiene algo que ver en especial con las protagonistas mujeres en la literatura mexicana?*

Es muy interesante tu pregunta. Además, en *Trajinar* hay un personaje femenino que tiene estos problemas.

Ernestina y Susana se parecen.

No creo que sea algo que tenga que ver con las mujeres; más bien es una obsesión. Yo pienso que es una coincidencia que ciertas mujeres hablen de otras mujeres en este sentido. Los escritores, tanto hombres como mujeres, recurrimos a los mismos temas; tratados de diferente manera, en diferentes tonos, con humor o en tono trágico, pero siempre hay dos o tres temas que nos obsesionan. Para mí, uno de estos es la locura.   El amor es otro tema que escritores de todos los tiempos han tocado recurrentemente. En mi caso sería la locura, el amor y la muerte. Siempre hay muertes en mis novelas. A lo mejor escribo para exorcizar esos mismos demonios que trae uno adentro. Ésa es la explicación que yo le encuentro.

Ahorita me acordé cuando hacías este paralelismo de Ana Clavel, de lo cual ya me habían dicho, que encuentro una similitud entre mi novela y la de David Toscana. Tiene una novela que se llama *Santa María del Circo*. Es totalmente diferente a la mía, pero hay una similitud en cuanto al ser interior de los personajes, incluso en la forma de narrar. Cada quien con su propio estilo, pero hay semejanzas. Como si hubiéramos sido hermanos. Como si fueran dos novelas hermanas, que son muy distintas pero fueran paridos por los mismos padres.

La Revolución Mexicana aparece en ambas de tus novelas. ¿Por qué?

¿Por qué rayos, si ya pasó hace mucho tiempo? [Se ríe.] Es una época muy romántica. Haberla vivido no ha de haber sido nada romántico, eso seguro, pero toda la gente de mi generación, escritores o no escritores, tuvimos algún abuelo que nos contaba acerca de la Revolución. Mi abuela paterna nació en el siglo XIX y vivió la Revolución en su plena juventud. Mi otra abuela nació en 1908 y vivió muchas de las consecuencias de la Revolución y la guerra de los Cristeros. Oyes mucho de estas historias y van intrínsecas a tu desarrollo.

Me ha fascinado este tema y lo saco de manera inconsciente porque en *Trajinar* hay una pequeña mención al tema. Por otra parte, tenemos la formación de las novelas de la Revolución. Yo saco este tema sólo como una referencia anecdótica presente en los personajes, así como supongo que está presente en mí y en todos los mexicanos.

Susana no está buscando a su padre sino a sí misma. Como ella termina muriendo, cumple no tanto con su propio destino sino con la historia de su abuela y la de Susana San Juan porque ambas parejas, Anastasia y Beto y Susana San Juan y Pedro, se juntan a través de Susana y su medio hermano. ¿Ese final refleja una filosofía determinista?

Pues es una cuestión que yo veo relacionado con el destino. Yo creo en el destino. Sí creo que uno también se lo va forjando, pero hay muchas cosas en lo cotidiano y a lo largo de la vida que son más producto del destino que de una cuestión que nosotros nos hayamos propuesto, como esto del premio de la novela. Yo no la iba a mandar a este concurso. Ahora sí que *destinalmente*, la mandé y ganó. Entonces, de alguna manera yo lo que veo en estos personajes es que sí es determinista. Están destinados. Incluso le dice Susana San Juan al psiquiatra que Susana no va a poder escapar de su destino, como no lo pudo hacer Orestes. Así los veo yo, que son seres atrapados en una burbuja de la cual no van a poder escapar. Sin embargo, de alguna manera lo logran porque Susana no se queda atrapada en esa Susana que ha sido toda la vida, sino que evoluciona a través de la locura y esta doble personalidad. Sale de esa vida gris, cotidiana y enferma a una vida a lo mejor no más sana, pero sí más congruente con lo que ella quiere. Este otro personaje, Pedro, es un poco más gris que está allí como un elemento que le llegó a ella por azares del destino y con el cual debe continuar.

Además, ahí hay otro elemento que me gusta que me parece interesante y es la cuestión del incesto. Ella ya no está consciente de que es hermana o medio hermana de Pedro, pero lo es. Aunque ahora ella sea Anastasia y él sea Beto, siguen teniendo el mismo progenitor.

Aunque eso es lo que aparece en Trajinar de un muerto, *entre padre e hija.*

Efectivamente. Se trata de Florencia Ruiseñor. Ella es una mujer de clase baja que vive sumida en la mediocridad y decadencia de sus progenitores. Su padre abusa de ella, por lo tanto, no es una relación amorosa, por el contrario, es forzada y humillante: situación que en *Si yo fuera Susana San Juan* no se da de la misma manera, pues se presenta más bien como algo hasta cierto punto *destinal* y, definitivamente, voluntario por ambas partes. Florencia es sólo una jovencita más que sufre de esta violencia doméstica tan característica de una situación y su clase social.

¿Por qué te interesa el incesto?

Es algo que existe entre todos los seres humanos de una forma u otra. Está Edipo. Freud ha dicho que todos de alguna manera somos o Edipos o Elektras. En el caso de una mujer, siempre hay un deseo por estar al lado del ser masculino más cercano, del primero que ha conocido, ya sea el hermano o el padre. Hay esta necesidad de acercarse. Creo que hay mucho de este sentimiento de amor hacia el padre o hacia el hermano o hacia la madre, según el caso. Existe algo de este sentimiento en todas las personas. En algunos más sublimado, en otros menos fuerte, con sus diferentes matices porque no en todos sucede igual ni de la misma manera. Por eso me intriga.

¿No te deprimió trabajar con la temática de Trajinar de un muerto*?*

No, en realidad, me divertí mucho. Y me divertí porque los mexicanos tenemos un humor bastante negro y ácido. A lo mejor no te pareció muy divertido.

Me fascinó. Es muy difícil dejar de leer la novela.

Eso es muy bueno. Pero a mí me divirtió más que deprimirme. Sí es cierto que llegando al final, no me reí ni me dio felicidad, pero nada más fue esta parte la que me causó cierta nostalgia o tristeza. Tristeza porque son unos personajes tan decadentes que su única salida posible es ésa.

¿Por qué mencionas las lecturas de varios personajes en Trajinar de un muerto*? Además es interesante que no caes en el género de lo que estás describiendo. Por ejemplo, Valerio está leyendo* A sangre

fría *de Truman Capote y Natalia lee las novelas rosas de Corín Tellado. Incluyes periodismo amarillista. Tienes la capacidad de manipular estos géneros sin que estos te arrebatan tu estilo propio.*

Me voy por el lado de la personalidad del personaje. Como te mencionaba, mi mayor maestro ha sido Hugo Argüelles que es dramaturgo, por lo que tuve una formación dramatúrgica más que novelística en cuanto a la técnica. Lo que veíamos mucho con Hugo era la formación de personajes. Para que puedas elaborar un personaje no sólo hay que describirlo físicamente. Hay que saber cómo es su carácter, cómo piensa, cómo habla, cómo camina y muchas cosas que, aunque no aparecen allí, las tienes que saber. Por eso Valerio, un hombre muy sensible, lee otro tipo de literatura que Natalia. Natalia es una mujer más bien frívola y su formación cultural es muy pobre. Por lo tanto, el cerebro no le da para leer *A sangre fría*, pues sería un exceso para ella. Se moriría. En primer lugar no le entendería y, en segundo, porque le da un infarto de la impresión. Además ella está como ensoñada siempre y está deseando haber tenido una vida que no tiene. Por eso se refugia en estas novelas como se refugian muchas amas de casa en las telenovelas.

En cuanto a las notas rojas, yo me entretuve muchísimo escribiéndolas porque para hacerlas, me compré el *Alarma!*, efectivamente. Sé por otros amigos escritores que estas noticias son inventadas. Las fotos están truqueadas, quizá no todas, pero sí la gran mayoría. Muchos escritores, incluso, las hacen desde su casa, ni siquiera vieron al muerto. Usan este lenguaje churrigueresco o paródico de lo más inverosímil para escribir las notas. Yo las recreo y las exagero. Eso fue una de las cosas que más disfruté al escribir la novela.

Uno de los elementos más vivos de Trajinar de un muerto, *además de la trama y los personajes tan originales, es el lenguaje que imita el habla común del D. F. ¿No tuviste miedo que la voz narrativa iba a parecer superior a los personajes? Obviamente, el narrador sabe la manera correcta de escribir las palabras. ¿Te dio miedo que ibas a poner a los personajes en ridículo o crear una distancia entre lector y personaje?*

Quizá me dio un poco miedo que fueran demasiado patéticos. Por eso metí mucho humor, para ajustar unos personajes decadentes pero no tanto como para crear esta distancia que dices tú entre lector y personaje. Si tú estás leyendo un personaje terriblemente decadente y patético ni te identificas con él, ni te gusta, ni te atrae. Debe ser atractivo, porque si no, ¿por qué lees esto? Lo dejas. Por eso hay estos tintes de humor, de ironía, de sarcasmo, como para aligerarlos. Ojalá que no mucha gente se identifique con ellos, pero por lo menos que les entretengan, que les causen cierta atracción y así poder seguir leyendo. Tanto como sentir miedo, no.

Me has dicho que tu manera de escribir es espontánea. De todas maneras, ¿sientes una crítica hacia los géneros? Lo que yo veo es que en cada novela tuya hay una mezcla de géneros, un poco de la novela histórica o la detectivesca combinado con otros elementos. ¿Buscas conscientemente algo más?

Quizá sí es una búsqueda, pero más que una búsqueda de género, creo que es más bien de estilo y de lenguaje. Me fijo muchísimo en cómo está dicho cada frase, cada palabra que se dice. Cuido mucho el estilo. Es una búsqueda de cómo decirlo, de cómo te voy a contar una historia que seguramente ya conoces. Yo no voy a contar nada nuevo. Ya nadie va a descubrir el hilo negro. Es más bien cómo te lo voy a contar de manera que te guste, que te atraiga y que sea original hasta donde se pueda, que sea novedosa. En ese sentido, creo que sí es una búsqueda.

Varios autores, como Carmen Boullosa y Mario Bellatín, me dicen que entre sus obras tempranas, había novela larguísima y tuvieron que cortar cientos de páginas. ¿Tu primera novela fue así?

De hecho, a veces son hasta más cortas. Son casi de la extensión de la que sale o un poco más cortas. No mucho. Más bien lo que yo hago es agregar. Claro, agrego y corto. Van quedando más o menos de la misma extensión. Y sí, las trabajo mucho.

Háblame de la semejanza entre Ernestina y Susana.

Las dos son mujeres que viven encerradas en su mundo, que crean una historia que les atrae más que su propia vida. Crean sus fantasías y viven más allá de esta realidad. Ernestina es un personaje que me gusta mucho y pienso que sí hay mucha similitud entre las dos. Ambas están solas. Ambas tienen que llenar esa soledad con sus fantasías, con melancolías de algo que a lo mejor no sucedió. Son hermanitas.

¿Quiénes son tus amistades entre los escritores mexicanos? Mencionaste a David Toscana...

También está Eduardo Antonio Parra, muy amigo mío. Él escribe cuento más que novela. También están María Rivera y Rocío Cerón que son mis amigas poetas. Claudia Guillén, que tiene un libro de cuentos. Los que no son tan íntimos, pero con quienes tengo buena relación, son varios del *crack*. Eloy Urroz, Vicente Herrasti, Jorge Volpi, Nacho Padilla. Los conozco y nos llevamos bien.

¿Cómo es tu tercera novela?

Se llama *La Pitonisa de Agua Prieta*. Es un título que estoy pensando seriamente en cambiarlo porque en español se presta mucho al albur y no es mi intención. Esta novela la escribí con la beca de Casa Lamm y el Centro de Escritores Juan José Arreola. Es una obra que, si tú piensas que las dos primeras son violentas en un momento dado, ésta es mucho más. Es más violenta, física y psicológicamente. Los personajes son rurales y viven en un pueblo que se llama Agua Prieta que inventé yo, pero que ubicó más o menos en el estado de Michoacán. El tema principal es la superstición de la gente y la lucha de poderes.

OBRAS DE SUSANA PAGANO

Novela

Y si yo fuera Susana San Juan. México D. F.: FCE, 1998. Premio
  Nacional de Novela José Rubén Romero.
Trajinar de un muerto. México D. F: Océano, 2001.

Becaria del Fondo Nacional para la Cultura y las Artes, Jóvenes
  Creadores, 1996-1997.
Becaria del Centro de Escritores Juan José Arreola en colaboración
  con Casa Lamm, 1999-2000.

Entrevista con Aline Pettersson

Platícame de tu relación con el teatro.

Te digo que sí me interesa el teatro. Sin embargo, tengo el problema de que yo no he sabido cómo escribirlo. A mí me hubiera gustado, pero me parece que un escritor que se dedica a otro tipo de escritura, cuando intenta escribir teatro, el texto pierde su fuerza dramática y se convierte en escritos literarios leídos entre dos o tres personas. Y eso no es dramaturgia. Sin embargo, tengo una novela que incluso ha sido representado en forma de teatro. En realidad, me hubiera gustado poder escribirlo, y nunca me he atrevido, por lo que te acabo de mencionar, aunque este género me interesa mucho en todas sus facetas. Cuando era niña me gustaba hacer teatros caseros. Después los organicé con mis hijos. Mis nietos en estos momentos son aún muy chiquitos. Hacen marionetas, es decir, juegan con ellas, porque cuatro y tres años no es suficiente edad para realmente idear una pequeña pieza. Tal vez algún día ellos pueden hacer lo que yo no he podido. Quién sabe. Pero, por ejemplo, mi libro infantil *Papalote y el nopal* ha sido representado varias veces por niños, y también por adultos. Y no sabes el gusto que me da. Ahora, por ejemplo, en el caso de *El Papalote*, no es que yo lo haya pedido, sino han sido distintos grupos infantiles que han seleccionado este cuento que ellos han organizado como teatro, pero partiendo de mi libro, ¿verdad?

¿Cuál era la novela que se representó como teatro?

Querida Familia. Ya algún dramaturgo o dos me dijeron que con tomar en cuenta el número de páginas que se llevan en una obra de teatro, algo podría salir, ya que sus personajes tiene características que pueden pasar al teatro, pero no me he atrevido. No domino ese oficio; no sé cómo hacerlo.

En tu narrativa el tono es siempre controlado, pero el estilo de cada obra varia bastante. Me pregunto cómo la haces para mantener ese control sobre el tono en cada obra. Por ejemplo, en Casi en silencio *es una novela en que se mantiene el mismo tono por toda la obra, pero es un estilo totalmente distinto a, por ejemplo,* Sombra de mí misma *o* Los colores ocultos *o* Círculos.

Creo que uno tiene que encontrar la voz que corresponda a eso, a lo que uno quiere decir. Y esa voz es amplia, no es la voz de un personaje, sino la voz de una obra completa. En el momento en el que uno encuentra esa voz, uno debe explorar distintas posibilidades. Uno escribe y uno lee y dice: «No, no me gusta». Y uno vuelve a escribir y uno lee y hay un momento en que uno dice: «Creo que así es». Tiene que ver con el estilo de esa obra concreta. Tiene que ver con las metáforas que se utilicen, con la puntuación, con cierto tipo de palabras. Entonces, el asunto es conservar esa voz que ya se encontró y prolongarla de una manera que no resulte ya todo previsible en la primera página. Pero tiene que tener una consistencia, ¿no? Creo yo.

Junto con esa consistencia, el lenguaje que usas es siempre —a pesar de esa diferencia entre estilos— es siempre sencillo, pero de manera engañosa. Parece sencillo, pero obviamente es elaborado. Me hace pensar en Silvia Molina, quien escribió la introducción para Colores y sombras. *No sé si tienes unos pensamientos acerca de la relación entre tu estilo y el de Silvia.*

No creo [que] lo que escribe Silvia y lo que yo escribo tengan muchos puntos de contacto, francamente, ni en estilo y ni en interés de la trama. Creo que son muy distintas una búsqueda de la otra. Efectivamente sí creo que el lenguaje de Silvia Molina también es sencillo. Lo que a mí me parece, una diferencia que podría haber entre Silvia Molina y yo es que a Silvia quizá la interese más lo externo, la anécdota. Y a mí me interesa más escarbar en las telarañas interiores, ¿no? Digo, igual Silvia me contradice, es la percepción que yo tengo.

¿Sientes que tengo razón acerca del lenguaje sencillo que marca tu estilo?

Creo que mi lenguaje es sencillo, sí. Creo que... ¿cómo decirte? no es porque no tenga más palabras. Quiero usar la palabra que se necesita, y busco mucho. Me detengo buscando cuál es la palabra justa, como diría Flaubert, sin su genio naturalmente. ¿Por qué voy a decirlo de cierta manera que no quepa en el tono de esta historia? Puede significar lo mismo, pero hay muchos matices, y yo los busco.

Junto con ese lenguaje elegante y reducido es la duración de las obras. O sea no son novelas del Boom, ¿no? Son novelas reducidas y los cuentos son más breves aún.

Por lo mismo. Tiene que ver con que yo no creo, por ejemplo, en llenar hojas. Si yo puedo decir en dos frases lo que quiero decir y decirlo bien, ¿por qué emplear dos páginas? ¿De qué voy a llenar esas dos páginas? Sí, las puedo llenar, mas ¿qué sentido tiene? A mí me gusta que las cosas estén bien, según la mejor opinión, en este caso la mía. Nada que ver con juicios de valor, me refiero a decirlo de la mejor manera posible. ¿Cómo es eso para mí? Tú dijiste que mi escritura está muy controlada. Probablemente sí lo está. Pero, por otra parte, soy una gente extraordinariamente apasionada, casi demente, y ahí debe perderse el control. Desespero a mis hijos, cuando converso con ellos. Me piden que llegue *to the point*; yo me voy por las ramas. Aunque soy consciente en la escritura de la necesidad de decirlo en pocas palabras y, en cierto sentido, de la forma más clara posible, sin embargo, mis libros suelen tener dificultad para ser leídos. Por ejemplo, *Casi en silencio* fue un libro que en su momento tuvo buena crítica, pero que por otra parte la gente me decía: «No entiendo nada. ¿Dónde es que termina una voz y empieza la otra?», etcétera, etcétera. En ese libro, yo quería —admiro muchísimo a Virginia Woolf— y yo quería un poco, toda proporción guardada, reproducir mecanismos del flujo de conciencia. Creo que en el caso de Woolf, concretamente en *Las olas*, es la misma voz que se divide como en cinco ramas. Ella no está buscando que un personaje tenga un cierto tipo de palabras, de vocabulario, de gramática. Empleo su libro con mis alumnos de taller literario, y les digo —así me lo parece— que ella va a una profundidad de la conciencia antes de las palabras. Así, el vocabulario que usa es el suyo, el de la escritora. No trata de reproducir diversas hablas. Busca tonos y matices del alma.

Me interesa mucho ese uso del año en Casi en silencio, *porque es una novela histórica, ¿no?*

No sé por qué.

Contrasta con otras obras tuyas donde no hay año que mencionas. No sé si me puedes hablar de ese contraste.

Por ejemplo, en *La noche de las hormigas* hay una referencia a Tlatelolco y el 68. Lo que sucede es que yo también tengo otro reparo: ser muy explícita. Pero no trato de ponerle adivinanzas al lector. Escribo calculando lo que quiero comunicarme al otro, al otro de mí misma primero. Sin embargo entiendo que no me puedo comunicar con todos los otros que están frente a mí. Y por ello tampoco me puedo comunicar con toda la gente que lee, con absolutamente cualquier lector. Nadie puede finalmente. Pero hay gentes que tienen un rango más amplio de lectores que pueden seguir sus historias. Ahora, si yo pongo una fecha y la fecha es el 68, efectivamente esa fecha habla de un referente real. Por ejemplo, busqué hacerlo en *Piedra que rueda*, donde el 68 está al fondo después de veinte años. Quería explorar qué sucedió con un cierto tipo de gente del 68 —Tlatelolco— pero, también, el cambio que se dio en esa generación: relaciones de pareja, liberación sexual, la píldora, en fin, todas esas cosas de preocupación, de compromiso social. Quería explorar en gente, que en su momento ni se asomó a ver qué estaba sucediendo, quise ver qué les había sucedido veinte años después. Y allí sí hay ese referente, el 68. Tuve que terminar la trama del libro en un momento muy concreto, ya que si lo había fechado con el 68 y la acción se desarrollaba en el 85, cuando yo lo estaba escribiendo, de no haber habido terremoto no hubiera habido la necesidad de la fecha. Al llegar el terremoto, me vi precisada a situar la historia entre dos fechas que marcaron terriblemente la ciudad.

Claro. Estoy pensando en, por ejemplo, las tres novelas que están reunidas en Colores y sombras*:* Círculos, Los colores ocultos *y* Sombra ellas misma. *En estas tres novelas, no usas fechas, y no sé si estarías de acuerdo, pero a veces pienso que la vida doméstica de la mujer es más o menos trascendente históricamente. No sé si cuando escribías esas novelas, tenías en mente una década precisa o no.*

Claro que sí. Hay alguna serie de referentes, bueno, implícitos, que quizá yo conozco o que gente de mi generación reconoce. Por ejemplo, yo *Círculos* la empecé a escribir por allí del 69 y me tomó algunos años escribirla. Hice tres borradores distintos. En mi generación en México, porque no es así en todos los países, donde en otros había ya varias generaciones de liberación, o, por lo menos, de menor control a las mujeres. Por desgracia, en otros países subdesarrollados, la situación sigue siendo horrible hoy en día. Te diré que yo fui una niña muy estudiosa. Por cierto Elena Poniatowska y yo, aunque no somos de la misma edad, compartimos la misma escuela inglesa cuando ella vino de Francia, y ambas después quisimos estudiar medicina, y no nos dejaron.

Yo era una niña muy estudiosa. No *machetera* —no sé si conozcas el concepto *machetero*—. *Machetero* es el que va por las calificaciones, el que quiere ser el *teacher's pet*. Eso no fue así conmigo. Yo quería saber. Leía muchísimo, desde los siete años hasta ahora. Sí, leí mucho, mucho. Mis papás no sabían qué hacer conmigo. A los once años ya me había leído cuanto libro infantil hubiera. Leí a Dickens de los once a los trece años más o menos. A los trece o catorce años, un maestro de Química de la escuela me recomendó lo que considero mi primer libro adulto, que fue *Del sentimiento [trágico] de la vida* de Miguel de Unamuno, que no era el mejor libro para mi edad, pero me sentí muy feliz de que este maestro hubiera creído que estaba lista para ese libro. Y esa cosa reflexiva mía, que he tenido desde niña, me fue importante. Es allí donde pude seguir el libro. Pero entonces mis padres, como te digo, me daban todos los libros del mundo. Pero cuando quise elegir una profesión, quise primero estudiar medicina. Y ellos se opusieron. Mi segunda opción era entrar a la Facultad de Filosofía y Letras, y también se opusieron. Y no me fue posible estudiar nada, nada. Me casé muy joven. Tuve mis hijos muy joven. Entonces, cuando tenía menos de treinta años, ya tenía mis tres hijos y un desencanto a la vida espantoso. Quería suicidarme. Entonces yo empecé a escribir *Cir...* Bueno, yo escribí desde niña siempre. Pero decido escribir esta novela, *Círculos*, porque muchas compañeras mías de generación, no importa qué tipo de vidas llevaran o cómo fuera su familia, vamos, de cualquier nivel social, se encontraban igual de fastidiadas con la vida conyugal a pesar de ser muy jóvenes, digamos treinta años o menos. Y no importa a qué reunión fuera, el asunto del amante salía siempre. La única posibilidad de liberarse en la vida era tener un amante. Esto era muy impresionante, porque a donde fueras, sin que hubiera gran intimidad, en la charla, inmediatamente, mujeres de esa edad se instalaban en este desencanto. Entonces, traté de escribir sobre esa generación que se asomaba, eran los principios de los años sesenta... No, a finales de los años sesenta, digamos del 65, que se asomaba a los cambios que se abrían para las mujeres. Sentían que habían llegado tarde; ya tenían hijitos, y pensaban que ya no se podía hacer nada. No tenían estudios... De eso quise escribir. Quise que mi personaje en ese día no le sucediera nada drástico, que no decidiera hacer nada espantoso, que se acostara y cerrara los ojos como cada noche, para abrirlos una vez más al otro día. La historia es un poco triste. También me parece, tiene sus lados gratos. Ese libro se publicó en una edición muy limitada y muy mal distribuida. Lo va a publicar Alfaguara ahora, pero la primera versión y durante tantos años, ha circulado en fotocopias. Tristemente, muchas mujeres siguen identificándose con la novela.

Esa una novela importante por el año en que salió, pero ¿podría ocurrir en esta década, por ejemplo?

Hubiera pensado que no, pero sí. Tal vez por eso Alfaguara me la pidió para volver a publicarla.

Entonces, no quiero repetirme, pero ¿ves un poco de trascendencia en términos de la historia o para ti la anécdota del ama de casa infeliz siempre va a estar situada a finales de los años sesenta?

No, digo, a mí me hubiera gustado que hubiera transcurrido a finales de los sesenta, y que no fuera más que como un documento arqueológico, y que una mujer joven dijera: «Pobre de mi mamá y de su generación. Qué bueno que a mí esto ya no sucedió». Tristemente, en este país al menos, esto sigue sucediendo. Entonces, entiendo que finalmente uno no puede zafarse de la historia. La historia está allí. Uno vive en el tiempo y el tiempo es historia.

En Cuerpo entero *también aparece algo de trascendencia histórica. No sé si estarías de acuerdo, pero por ejemplo los años no entran realmente. Para mí es una historia que podría situarse en varias décadas de este siglo, que podría empezar antes o después. Cuando escribías, ¿estabas pensando en años específicos?*

Digo, si hablo de mi infancia y tenía dos años, pues sí tengo que pensar que estoy hablando de esos años que corresponden a mi infancia en ese libro, dado que es la historia de mi vida. Cuando me voy a Suecia tengo ocho años, pues también estoy pensando exactamente en los años en que eso ocurrió por razones obvias, porque es mi vida. Cuando me caso, cuando nacen mis hijos, pues, tú no tienes por qué saber la fecha, pero yo sí la sé. Estoy hablando de esa fecha concreta, en la que me casé o cuando nacieron mis hijos. No puede ser de otra manera, ¿no?

Entonces, ¿tienes las fechas en mente, pero a veces no es necesario escribirlas?

Sí. Yo no creo que en un texto como el mío las fechas hagan del todo bien al estilo. Vamos a suponer que me muero, y hacen una especie de recopilación de mis obras e incluyen ésta, y hay fechas de cuando sucedió lo narrado. Aline nació en tal año y Aline hizo esto, lo otro. Allí sí, pero, por lo pronto, me parece que rompe el discurso de una vida. Por ejemplo, como te dije antes, volviendo a *Piedra que rueda*, las vidas de sus personajes se alteran con el 85, no puede ser de otra manera. Pero la situación de, vamos a decir, de las pasiones humanas, no tiene tiempo.

¿Ves una evolución de tu obra?

Pues, eso creo que sería quien lo lee quien tendría que decirlo, dado que siempre estoy escribiendo sobre cierto tipo de obsesiones que tienen que ver con el estilo y con ciertas historias que me interesan, que buscan más en la condición humana que con una cosa muy externa. Habrá amores, desamores, infidelidades, odios, todo lo que quieras, pero no es en la parte más superficial de esa historia donde a mí me gusta explorar. Trato de explorar otras regiones. Ahora, por ejemplo, en cuanto a la historia se refiere, estoy escribiendo un libro que se llama *Viajes paralelos* donde hay muchos barcos y viajes. Y yo he viajado ahora desde mi ventana. Cuando los días son claros, veo el Ajusco, y cuando son muy claros, uno casi vuela al Ajusco, a los árboles. Es muy bello. Ese libro por ejemplo, se abre con una historia que tiene que ver con la guerra. Para hablar de la guerra, para reflexionar sobre la guerra, el hecho de la guerra misma, me voy a una historia que no me corresponde a mí. La niña de este capítulo es mayor que yo. Pero sí corresponde a mi familia. Cuando la Segunda Guerra Mundial, yo tenía parientes suecos, alemanes, franceses que se reunían como la familia que eran. Según me han contado, mi bisabuela les pidió que de la guerra no se hablara nunca en esas reuniones. Ahora, en una ocasión, mi tío, quien además era espía nazi —en ese tiempo la familia no lo sabía, pero así resultó—, contra todas las reglas de cortesía, llegó fascinado, bueno, muy excitado, diciendo: «Tomamos París». Y mi tía, la francesa, pues se levantó y se fue llorando. Ésa, es en un sentido, es la historia. La niña que quiere tomar un bizcocho, y en esos tiempos los niños siempre eran... Ahora los niños son los primeros, pero en ese tiempo eran los últimos en una mesa, o los últimos en lo que fuera. La niña va viendo cómo va pasando el pan y no quiere que le toquen el pan que ella desea, pero primero tienen que escoger los adultos. Todo esto se acompaña con reflexiones sobre esa guerra mundial, pero, más ampliamente, sobre el acto de la guerra. Bueno, eso sí me parece que está muy claro en el libro.

Pero tiene otros hilos: mi abuelo fue candidato a gobernador del estado de Sinaloa antes de la Revolución. Precisamente, la candidatura de mi abuelo empieza después de la entrevista Díaz-Creelman. Mi abuelo, que era periodista y había estado muchas veces en la cárcel de Belén por razones políticas, tiene una entrevista con Porfirio Díaz que le promete respetar las elecciones. Descubrí un libro que escribieron hace poco sobre esta campaña política de mi abuelo. Hay un archivo en la Universidad de Sinaloa al respecto. He usado estos datos, más las cartas personales que tengo que recibió mi abuelo, no las que él mandó, pero sí las que recibió. Hay muchas cartas de Amado Nervo hablando de este asunto de la gubernatura, y hablando de literatura, y demás. Traté de confrontar la visión del final de aquel siglo y el final de éste, además de poner a dialogar dos pensamientos dentro de ciertos conceptos históricos de entonces e históricos de ahora. Escribí sobre la campaña de mi abuelo pues también hay referencias a la situación contemporánea. Y resulta que cuando regreso de un viaje a España y reviso el texto, ya había sido la elección de Fox. Entonces tuve que poner una nota aclaratoria quince días después de la elección. En fin, ojalá que las cosas de veras cambien. Además de intentar confrontar la historia, quise asomarme a cómo se veía a la mujer a finales del siglo xix, y qué le había pasado a la mujer hasta llegar a estos finales del siglo xx. A ninguna mujer, creo yo, ahora le pasaría lo que a mí me pasó para estudiar. Puede que no tengan dinero para sostener los estudios, pero ya no se ve esta situación de «una niña de buena familia que no va a la universidad».

Me parece que muchas veces los personajes femeninos son inocentes en los libros que escribes. Junto con esa inocencia, son gran-

des lectoras, pero muchas veces no escriben. No sé si tienes un pa-
trón o si las ves como inocentes.

Creo que en el caso de *Círculos*, por ejemplo, habría la inocencia
al haber pasado del hogar de los padres al hogar del marido, donde
no hay mayores expectativas. Y esto es lo que altera a esta mujer, que
no deja de ser inteligente, pero que la vida la ha limitado. Sí, no tiene demasiadas alternativas, por lo menos no las tiene en ese momento de su vida. En el caso de *Sombra ella misma* se trata de una mujer también y de una generación anterior a la de *Círculos*. Ya de la
generación de *Sombra ella misma* a *Círculos*, hay un avance en cuanto a la cuestión femenina. A mí me tocó conocer la generación, que
sería de mis padres, a muchas solteronas clásicas. Porque si ahora
una mujer decide no casarse, es otra su relación con el mundo y con
el sexo. Puede tener parejas eventuales o una pareja sin matrimonio
o una pareja de tres años, etcétera. Sin embargo, en los tiempos del
personaje de *Sombra ella misma* era una característica esta *old maid*
que estaba destinada a serlo desde que nació casi casi. Sería un poco
lo de *Como agua para chocolate*, se le había condicionado para ser
la cuidadora de los padres, la que se va a quedar en la casa siempre.
En ese sentido, la mujer puede tener una serie de deseos pero ninguna posibilidad de realizarlos. Yo, por ejemplo, en *Sombra ella misma*, sí pongo al personaje allí diciendo: «Que se muera mi padre»,
que no es precisamente muy inocente ponerlo en boca de la hija.
Dijéramos, que el personaje en este caso acepta tener el deseo de que
su padre se muera. Creo que hay una cuestión de odio que ella reconoce en determinados momentos muy escasos de su vida. El resto se
deja abrumar por el peso de la autoridad paterna, ¿no? En otros de
mis libros, la falta de inocencia ha sido tratada de distintas maneras.
Por ejemplo, en *La noche de las hormigas*, considero que la pareja actual del personaje de Alfonso Vigil, la mujer que hace tapices es
una muchacha, bueno, creo que hasta dice tener veintiocho o treinta
años, ya no me acuerdo, no es inocente, aunque no se sabe demasiado de ello en el libro. Tal vez la primera esposa sí pueda serlo más,
por razones, de nuevo, generacionales. Hay aquí un juego de una generación con otra. La esposa se metió en su rol de esposa y nunca cre-
ció junto con su marido. Generacionalmente le era difícil. Hubo quien
lo hizo, pero, como ya lo he reiterado aquí, no era frecuente o fácil.

Me interesa en Tiempo robado *que, en varios cuentos, el sexo de
un personaje parece ser o rechazado o flexible. Por ejemplo, en «La*

de arriba y la de abajo», hay una frase que dice: «¿O será el de arriba y el de abajo?» (21). En «La luz sobre el espejo», dice: «Primero los olores se intensifican buscando llamar la atención al viajero, en este caso, viajera», como si la voz narrativa estuviera pensando en lo tradicional, en lo masculino y de repente cambiara para incluir a la mujer (29).

En «el de arriba y el de abajo», se trata del yo sujeto. El yo es masculino, pero la que se está viendo es mujer. Entonces, ¿cómo se diría? Si yo me estoy viendo a mí en un desdoblamiento, yo soy la de arriba y la de abajo o ¿es el yo de arriba y el yo de abajo? Y en el otro caso, sí, se generaliza en español con el género masculino, y en «La luz sobre el espejo», considero que esta mujer sí está más consciente del género y lo remarca ¿no?

En este caso de «La de arriba y la de abajo», ¿podría ser una referencia al cuerpo o al alma?

No, al yo. Además, hay un juego intertextual con un libro del escritor peruano José María Arguedas, *El zorro de arriba y el zorro de abajo*, que es el libro que él escribe como una especie de diario y después se suicida. Es el yo. Para decirte la verdad, ese cuento, no de esa manera, lo había escrito de otra manera antes. Es una historia que me corresponde a mí y que yo quería explorar. Yo estuve muy cerca de las puertas de la muerte en el hospital y me estaban llevando a hacer una serie de pruebas. De veras que me estaba muriendo. Entonces, en estas pruebas no había todavía, por lo menos no había en México, resonancias magnéticas, había medicina nuclear y había quizá ultrasonido, y me iban a hacer una cosa de la circulación, a causa de una trombosis. Creo que me iban a hacer unas placas de radiografía. Tenía los dos pies perforados con catéteres. Y me tenía que empujar a la placa de los rayos X con unos dolores espantosos, porque las piernas las tenía muy mal. Pero, bueno, me acuesta y oigo que el doctor en esta lejanía que cuando uno está muy grave tiene, le dice a mi marido: «¿Quiere que se lo digamos a su esposa o no?» y él dijo: «Dígaselo». Entonces el doctor llegó para decirme: «Señora, está usted muy delicada», cosa de la que me daba cuenta perfectamente. De pronto en esta cuestión de sentirme muy, muy lejana, se apaga la luz. Empiezo a oír un sonido de campanitas. Pensé: «Ya me morí. Ya me morí y como acaba de suceder, todavía no me doy cuenta. Hace falta más tiempo para saber que uno está muerto». Esto es lo que recuerdo haber pensado. Efectivamente estaba temblando y en ese lugar donde estaban todas las bandejas médicas y las pinzas de metal. Lo que oía como sonido de campanitas era todo el instrumental que se estaba golpeando por el temblor. Fue entonces cuando se fue la luz. Pasaron unos segundos para que entrara en funciones la planta del hospital. Claro, la luz regresó de inmediato. Pero en el tiempo de la conciencia se mide de otra manera. Las cosas pueden ser muy lentas o muy aceleradas. Pensé que ya me había muerto y, de pronto, cuando regresó la luz, pensé: «Es esa luz que se ve cuando se muere»,

Y las campanitas es lo que me habían dicho que se oía, y a eso correspondía el sonido. Pero en esa misma ocasión, por la misma gravedad quizá, tuve una cuestión que se llama «despersonalización»: uno puede observarse, como si uno se separa del cuerpo y tomara distancia para verse. No en el caso que narré, sino en otra versión anterior que deseché armé el cuento queriendo hablar de la posibilidad de creer que una está muerta, pero no estar seguro de ello. Recordé cómo yo, en la realidad de mi enfermedad, me veía desde arriba empujada en la silla de ruedas. Me veía tapada con una frazada y me daba yo mucha lástima. Claro, es cuestión de una alteración grave de la personalidad.

También me interesa «Holanda», que cuenta la historia de Los colores ocultos.

Mira. [Muestra un *dummy* de *Los colores ocultos* que tiene las páginas en blanco]. ¿Ves? Yo siempre pensé: «¿Qué sucedería si tú vas a ver ese libro y encuentras que no tiene... que nada está escrito adentro?» Es un *dummy* que me dieron en la editorial.

La mitología es un tema que yo veo repetidas veces en tu obra. ¿Tienes mucho interés por la mitología?, y ¿por qué?

No por la mitología, por los mitos, que es distinto. Creo en los mitos. Así en una forma muy sintética, los mitos recogen las pasiones humanas y las acciones humanas, todas. No hay nada que se les escapa. El incesto, la lucha por el poder, la traición, el abandono, el amor apasionado, lo que sea. Al leer esa historia en el mito, uno inmediatamente puede tender un puente de la historia de este momento... con la historia, me refiero a la historia del ser humano porque no me estoy refiriendo a las elecciones de Fox. Ya lo de Fox se podrá inscribir o no en el mito en el sentido de, por ejemplo, el teatro. También el asunto de Salinas y los asesinatos se corresponde con todos los asesinatos de los griegos y o de Shakespeare, finalmente. Pero me refiero a la historia del ser humano, a su conducta, a su sentir... Entonces a mí me asombra y me interesa y me conmueve ver de qué manera se puede sintetizar. Tomo lo griego, que es lo que más conozco, pero no quiere decir que los mitos de otros pueblos no sean igual de efectivos. Simplemente no los conozco.

¿Cuál es la diferencia entre escribir novela y cuento?

Pues en mi caso no es demasiado grande porque mis novelas son muy breves. Sin embargo, el cuento narra una acción única y la novela va yendo por el tiempo del personaje. Aun sea como en *Los colores ocultos* que todo ocurre en el abrir y cerrar de la puerta. No quiere decir que esto no sea otra cosa que una recuperación de la vida del personaje a través del mecanismo de abrir y cerrar una puerta que ya no va a volver a abrir. Pero considero que hay una mayor complicación dentro de la novela, digo complicación anecdótica en el sentido de que al personaje le tienen que ir sucediendo cosas y a otros personajes también, para irse interrelacionando en la historia que se narra. El cuento está centrado alrededor de una acción completa que puede o no resolverse en un final muy cerrado. Pero se cuenta de esa acción.

Pensando en lo que podría ser casi un tiempo alterado sin fecha ni momentos históricos muy claros para el lector, la idea en El tiempo robado *que la escritura es un tiempo robado, que está un poco fuera del tiempo linear, ¿estarías de acuerdo que así es la mayoría del tiempo en tu escritura?*

Bueno, el tiempo siempre me ha interesado como incluso lo menciona en esta pequeña nota al final del libro. Porque yo como individuo sí soy muy apegada a la historia y a la política. Simplemente que no considero que lo quiera introducir en una forma tan evidente dentro de mi obra. Pero el tiempo-tiempo, el amplio tiempo, el tiempo de Heráclito, el tiempo que nadie entiende, pues para mí, para cualquier gente, pues es algo en lo que uno se detiene a pensar. Ahora, hay gente que al margen de lo que piense en privado, en su escritura maneja un tiempo lineal, aunque su escritura pueda estar fragmentada. Y hay otra gente, como es mi caso, que gusta el tiempo expandido, el de adentro, el interior, en el que suceden mil cosas mientras no ha pasado ni un minuto allá afuera.

Como última pregunta, te iba a preguntar en qué estás trabajando, pero ya me dijiste. Entonces voy a preguntar: ¿por qué la historia, en tu caso y en otros? ¿Por qué los autores mexicanos tienen tanto interés por la historia?

Bueno, creo porque... Bueno, yo no puedo hablar de todos los escritores mexicanos. Sólo puedo hablar de mí. Es decir, podría decir en términos generales por qué de pronto la historia cobró importancia en otras gentes, entrar en detalles sin mencionar nombres. Creo que cada gente tendría sus razones. Sólo desde fuera se me ocurre pensar que porque hay una situación incómoda con el país. De pronto uno dice: «¿Desde cuándo empezó esto? ¿Dónde están las raíces de esto que estoy viviendo en este momento?» Y los ojos se tienen que echar hacia atrás porque hacia delante nada se ha hecho todavía.

O para no repetir los errores del pasado o para ver de qué manera se han repetido durante siglos esos errores que seguramente se seguirán repitiendo. Entonces, de pronto, la historia cobra una importancia muy grande porque, además, por la cuestión de la comunicación se vuelve mucho más rápida. Hay una manera de enterarse tanto de la historia nacional cuanto de la historia del mundo más ampliamente en el momento en que sucede y no cuando llega la carta meses después de que se envió, cuando las cosas a lo mejor ya son muy diferentes.

En mi caso, pues, quizá porque a mí me interesa mi momento histórico y me molesta muchísimo la cuestión de los vicios, de la corrupción y de cómo la gente va cayendo en ella. Y por corrupción no hablo solamente del elemento político. Hablo de la corrupción en la cultura, la corrupción en la vida cotidiana, en la fila del tipo que se quiere meter antes que tú, en lo que sea. A mí eso me altera mucho. Me es muy incómodo y me enoja. Ahora, en relación a la historia, desde niña la historia a mí me gustó.

Te digo, por ejemplo, la Edad Media; quizá incluso lo menciona en *De cuerpo entero*, no me acuerdo. Y hay ciertas cuestiones parecidas de mirada con Angelina Muñiz, ya no digas el hecho mismo de escribir o de nuestras lecturas de infancia. Leí cuentos de hadas de cualquier tipo, leí a Twain, y leí todo lo que se te ocurra. Leí a Salgari que para ustedes los americanos no debe significar nada, pero que para los hispanohablantes de muchas generaciones fue una figura fundamental de la lectura de jóvenes. También leí muchas historias medievales que sucedían en distintos países, básicamente en España, pero también en otras partes. La cuestión de la ascendencia sueca de alguna manera me llevaba un poco al estudio de cosas que no tendrían que ver realmente con la Edad Media, pero llamémosle que cuando tienes once o doce años se juntan porque son guerreros y todo eso. Siempre mis materias favoritas, junto con las letras eran biología e historia, porque hay esta manera de ir descubriendo los pasos del hombre y la naturaleza del hombre, y a mí eso me ha interesado mucho.

OBRAS DE ALINE PETTERSSON

POESÍA

Tres poemas. México D. F.: Editorial Oasis, 1985.
Cautiva estoy de mí. México D. F.: SEP / Plaza y Valdés, 1988.
Enmudeció mi playa. México D. F.: Galería López Quiroga, 2000.

CUENTO

Los colores ocultos. México D. F.: Grijalbo, 1986.
Tiempo robado. México D. F.: Alfaguara, 2000.

NOVELA

Círculos. México D. F.: Dirección General de Difusión Cultural, UNAM, 1977. [México D. F.: Alfaguara, 2001].
Casi en silencio. México D. F.: Premia Editora de Libros, 1980.
Proyectos de muerte. México D. F.: Martín Casillas, 1983.
Sombra ella misma. Xalapa: Universidad Veracruzana, 1986.
Dos novelas [Círculos y Sombra ella misma]. México D. F.: Editorial Offset, 1989.
Piedra que rueda. México D. F.: Joaquín Mortiz, 1990.
Querida familia. México D. F.: Diana, 1991.
Más allá de la mirada. México D. F.: Joaquín Mortiz, 1992.
Mistificaciones; Eulalia. México D. F.: Editorial Aldus: UAM, 1996.
La noche de las hormigas. México D. F.: Alfaguara, 1997.
Colores y sombras: Tres novelas. México D. F.: CONACULTA, 1998.

LITERATURA INFANTIL Y JUVENIL

El papalote y nopal. México D. F.: Centro de Información y Desarrollo de la Comunicación y la Literatura Infantiles / CONAFE, 1985. Premio del Jurado Infantil en la Feria Internacional del Libro de Caracas, Venezuela, 1986. Premio de Japón, 1987.
Clara y el cangrejo. México D. F.: ECO / CONACULTA, 1990.
Ontario, la mariposa viajera. México D. F.: Alfaguara / CONACULTA, 1993.
Renata y su gato. México D. F.: ECO / CONACULTA, 1996.
Fer y la princesa. México D. F.: Editorial Andrés Bello Mexicana, 1997.

La princesa era traviesa. México D. F.: Alfaguara, 1998.
Renata y sus curitas. México D. F.: Alfaguara, 2000.

ENSAYO

Charla a tres voces. México D. F.: Coordinación de Difusión Cultural, Dirección de Literatura, UNAM, 1997.
Viajes paralelos. México D. F: Alfaguara, 2002. Género mixto de ficción y ensayo.

AUTOBIOGRAFÍA

De cuerpo entero: Aline Pettersson. México D. F.: Coordinación de Difusión Cultural, Dirección de la Literatura, UNAM / Ediciones Corunda, 1990.

Premio Gabriela Mistral 1998 por el conjunto de su obra. Otorgado por la Feria Internacional del Libro de Santafé de Bogotá, Colombia y la Editorial Indigo de París, Francia.

Entrevista con María Luisa Puga

Las posibilidades del odio *trata un tema insólito en las letras mexicanas. ¿Cómo llegaste a escribir este libro?*

Yo quería platicar mi experiencia en Nairobi a lectores mexicanos. Mientras vivía en África, estuve en México durante un mes porque estaba casada con un funcionario de Naciones Unidas. Entonces no sabía cómo empezarles a contar cómo era Nairobi porque yo sentía esta total familiaridad con la realidad keniana comparándola con mi realidad de niña en Acapulco. Es decir, todo lo que tenía de racista, de clasista y de contrastes de vida. Entonces, dije: «Pues, la única manera en que yo les pueda dar una idea es hablarles de las distintas realidades de la ciudad de Nairobi». Para mí el contenedor del libro es la ciudad y las distintas realidades que pude conocer y de donde saqué los distintos cuentos. Estando en la ciudad, viendo en dirección al mendigo, uno de los luchadores por la libertad; viendo en dirección al colonialista ya sin realidad colonial, el guía de turistas; los asiáticos, así se explica esa realidad ajena a los mexicanos.

Las posibilidades del odio *e* Inventar ciudades *muestran ciertas preocupaciones formales: la primera con sus listas de sucesos históricos y la división entre mirada, oído y tacto en la última. Otros libros tuyos no reflejan la misma preocupación por una estructura formal.*

No, pero quizá sea interesante que el de *Las posibilidades* es el primer libro. *Inventar ciudades*, pues, no es el último, pero es el último publicado. Ahora está por salir otra novela, *Nueve madrugadas y media*. Yo tenía que ser muy estructurada con lo de Kenya porque era una realidad muy desconocida y muy inasible. Lo único que encontré para establecer los límites dentro de los cuales me iba a mover fue la historia de Kenya. En *Inventar ciudades* yo quería redondear la experiencia de dejar el D. F. y salir a vivir en un lugar como éste [señala su estudio de la casa en Zirahuen] que ahorita ya está muy hecho. Pero yo ya tenía adentro toda la experiencia de los quince años que llevo aquí y quien la iba a recibir el personaje era Lorenza. Por eso necesité usar todos los sentidos para explicar cómo le iba a llegar esta realidad a esta niña.

Entonces, ¿es una manera de estructurar la experiencia? En otras novelas...

No es necesario. Son dos momentos de vida en donde si no asiento mis linderos, no sé en dónde me voy a mover para narrar. Hay novelas, por ejemplo *La viuda*, en donde me tengo que asentar es en el personaje de la viuda.

Precisamente iba a preguntar por la estructura de La viuda. *Es mucho más flexible. Al final nos presenta un personaje nuevo que es el hijo de la viuda y realmente no se resuelve nada. Es otra estructura totalmente.*

Mira, yo nunca decido de antemano la estructura. Es el tema que decide cómo se va a dejar relatar. A medida que desarrollas un personaje, vas descubriéndole su realidad. *La viuda* no podía tener un final de otra manera, porque sí bien logra cambiar su vida, al mismo tiempo no la cambia. Es esa mujer y es esa viuda. Lo único que hace es recuperarse a sí misma. Pero indudablemente ni se va a hacer más joven ni va a encontrar un galán ni va a desarrollar otra familia. Va a seguir el curso en su vida, pero con una conciencia de que había estado dormida durante cuarenta años.

En Las posibilidades del odio *y en el cuento «Ramiro» de* Accidentes, *además de la novela* Antonia, *exploras la experiencia de ser mexicano y de estudiar en otro país. Fuera de las razones autobiográficas, ¿por qué te interesa ese acercamiento, el explorar México desde fuera?*

La verdad es que tú no ves a tu país hasta que te vas un rato. Eso creo que le pasa a cualquier nacionalidad. Sucede que cuando yo me fui de México, todos mis contactos eran latinoamericanos. Entonces, hablábamos de nuestros distintos países con un idealismo increíble, totalmente distorsionado por la nostalgia. Mi México era un México inexistente. Me di cuenta de eso cuando regresé diez años después. Entretanto pasó el 68, pasó el 71, y el México que encontré no era para nada el que había dejado. Era totalmente idealizado. Todos los gérmenes del 68 me rodeaban antes de que me fuera. Yo no los vi. Los vi allá. La cotidianidad o la costumbre le quita filo a la mirada. Lo recuperas cuando estableces cierta distancia. Por eso constantemente vuelvo al estarse yendo. Lo mismo me sucedió cuando salí del D. F. y me vine para acá. Allí descubrí dos cosas que antes miraba de otra manera. Primero, que ser del D. F. no es ser del centro y ser de provincia o no estar en el D. F., no es estar afuera. Lo que pasa es que para alguien como yo que ni crecí ni nací aquí y tampoco viví mi infancia en el D. F., yo desde hace mucho estoy instalada en una tierra que se llama la *fuereñez*. Probablemente por mis circunstancias, pero también porque escribo. Pienso que el que escribe está siempre con un pie adentro y otro afuera.

Respecto a eso, la ausencia de la historia mexicana en tu obra me interesa. Muchas personas leen tus obras y ven novelas históricas, yo no. El 68 aparece bastante o la historia de África, pero la historia mexicana...

No está presente.

No la veo mucho.

No, nada. A mí no me da la menor curiosidad. Tuve una intención que me duró como seis meses que fue escribir sobre la Malinche, pero a la larga me dio flojera. Sí, la historia mexicana nunca me ha inspirado. Digo, leo mucha novela histórica y leo historia, aunque no sea novela, pero no me impulsa a escribir nada histórico.

Hablemos de los temas del odio y de la muerte, la muerte sobre todo en tu obra temprana. ¿Por qué trabajas con el odio y la muerte?

El odio porque en Kenya entendí que el odio puede ser un motor positivo, o sea, una fuerza para actuar. No necesariamente para destruir. La muerte porque como a todos me intriga, me da miedo, me incita querer conocerla. Cuando escribí *Antonia* me resultó absolutamente necesario escribir sobre la muerte ya que la novela nació porque dos personas muy cercanas a mí, una de cincuenta y tantos años de edad y una de veintiséis, murieron prácticamente en la misma semana. Entonces, esa cosa de la sorpresa, bueno la persona de cincuenta y tantos años tenía un tumor de cáncer. Le habían dicho que tenía tres meses de vida y había vivido un año más. No murió del cáncer, sino de debilidades debido a los tratamientos. Murió de un paro cardíacocardiaco. La joven murió en un accidente automovilístico. Sentí que la muerte estaba por todas partes.

¿Eso ocurrió antes de escribir Accidentes*?*

No, fue después.

También la injusticia social se ve a lo largo de tu obra, pero en un principio es el racismo. Después yo veo que se convierte en una preocupación más fuerte por la pobreza. El racismo realmente pasa a segundo plano.

Creo que en Kenya me volví racista. Había vivido tres años en Londres, después viví en Roma, después en París, en España, y así andaba. Luego me fui a Kenya y me volví racista en contra de los blancos porque la independencia de Kenya era tan tramposa como la democracia en México. Entonces, para mi mala suerte después de Kenya viví un año y medio en Oxford, que es el lugar imperialista por excelencia. Pero, además, imperialista como caricatura, porque en Oxford ya no hay ese poder que había. Ahorita es una especie de acto montado por los británicos para ser lo que fueron. Ahorita es como un teatro. Pero cuando yo estuve, allí estaba todo el imperio y yo venía de Kenya e inmediatamente le declaré la guerra. Llegué muy susceptible al racismo, que poco a poco pues con la realidad mexicana se tradujo en lo que realmente es: la realidad está ocupada en sus tres cuartas partes por el hambre y una cuarta parte es un supuesto progreso. Eso se convirtió en mi obsesión.

También te interesa el tema de la adopción. Pienso en la protagonista de La viuda, *quien al parecer va a ayudar al joven que anda perdido, y también en* Inventar ciudades *tenemos a la niña adoptada. ¿Por qué escribes de ese tema de la adopción?*

Quizá porque nunca tuve hijos y porque como me fui de México tanto tiempo, me desacostumbré a la familia real, biológica. Mi familia siempre era gente que me quedaba cerca por intereses, por cercanías. De hecho, en la realidad siempre ando adoptando gente o andaba siendo adoptada. Por ejemplo, ahorita tengo un nieto de juguete. Como ese nieto de juguete tengo como otros quince acá. Es inventar tu familia según las circunstancias en que estés. Está mi familia de verdad y me llevo muy bien con ella, pero hace mucho tiempo que no llevo una vida así. Sale más barato así.

La pareja heterosexual es un elemento central en tu obra, aunque a veces es la falta de pareja lo que parece preocupar a los personajes. En Antonia *y en* La reina, *la pareja forma parte del equilibrio de la novela, como parte de la estructura.*

Nunca pensé en términos de pareja homosexual porque nunca se me atravesó esa experiencia. Pero la pareja como tema siempre me ha intrigado. Me ha parecido necesaria. Me ha parecido complicadísima porque cuando Isaac [Levín] y yo nos vinimos a vivir aquí, ya los dos habíamos tronado con muchas parejas. Entonces, sentamos un principio que yo creo que ha hecho que ya tengamos mucho tiempo juntos. Es que vivimos juntos, pero solos. Por eso está dispuesta la casa como está dispuesta. Cada uno tiene su estudio, su música y nos unen la cocina y la cama.

¿Ayuda para estructurar las novelas el poner a los personajes en pareja? ¿Por ejemplo, las dos parejas en Antonia?

No, esa novela tiene elementos autobiográficos, aunque no son necesariamente cronológicamente exactos. Pero me ayudaban sobre todo para crear el personaje de ficción. Eso si te puedo decir que cuando asiento los linderos de lo que va a ser el espacio narrativo, digamos, que los postecitos que pongo para cercar estos linderos son siempre personajes basados en personas reales, que a medida que transcurra la narrativa, se ficcionalizan. En el caso de *Inventar ciudades* es Lorenza, en el caso de *Antonia* es Antonia.

El diálogo y las relaciones entre seres humanos forman la mayoría de tu obra. ¿Por qué no te interesan las descripciones, por ejemplo del paisaje, sino el diálogo?

Mira, yo coordino muchos talleres literarios para niños, adolescentes y adultos. Me he encontrado que uno de los principales problemas de los mexicanos, probablemente sucede en otros países, pero yo he coordinado talleres aquí, es la falta de naturalidad que tienen con el lenguaje porque la escuela no nos ayudó a nadie a que el lenguaje fuera realmente nuestro. Todos hablamos como de prestado. O sonamos a libro o sonamos a discurso. Lo primero que yo trato de hacer en un taller es que conquisten una naturalidad. Pongo muchos ejercicios de diálogo porque en los diálogos es donde verdaderamente oyes tu propia voz y sabes más del otro oyendo su voz que conociendo su historia. Sí, sí, los diálogos son bien importantes para mí.

Parece clave para entender tu obra. Respecto a tu libro de ensayos Lo que le pasa al lector, *escribes reacciones personales a los libros que reseñas. Entonces, ¿por qué ese título? ¿Te consideras lectora o lector?*

Claro, claro. Ése también es otro de mis ejercicios de taller que están acompañados por lecturas y también tiene que ver con nuestro sistema de educación. Leemos como si fuéramos pasajeros del tren y el libro es el paisaje que transcurre con el movimiento del tren. Entonces, yo quiero que los participantes del taller se detengan y vean y reaccionen ante lo que están leyendo y sobre todo que hablen sobre lo leído, para lo cual les digo: «No se vale decir: 'Me gustó' o 'No me gustó,' sino por qué». Entonces muchas de las notas son reacciones mías ante libros leídos por mí, pero muchas son reacciones del grupo del taller ante libros que leímos todos.

Al principio de Lo que le pasa al lector *tienes una descripción del universitario gringo que está leyendo rodeado por muchas cosas e inclusive escucha música. Luego el lector mexicano no tiene estas cosas y está más solo con el texto. ¿Ése eras tú o es tu concepto del mexicano?*

Aún esta situación sigue siendo cierta pese a las universidades privadas en México. Hubo una época en que daba muchas conferencias en universidades norteamericanas. La universidad norteamericana sí te puede dar una especie de réplica o un como laboratorio de la realidad sin que la realidad te moleste. Yo no creo que esto sea posible en México por rico que seas. Basta que pongas un pie en la calle para que el asunto sea distinto. Pero además, ya pensando ahorita en ese tipo de reflexión, yo creo que sí, el lector intelectual, el escritor mexicano se hace mucho más a sí mismo que el escritor norteamericano. Al norteamericano le ayuda mucho el entorno. Tiene muchos apoyos.

También allí nombras muchos escritores favoritos, Cortázar, Fuentes, Onetti, pero a pesar de esa admiración tienes un estilo propio que no tiene que ver con los juegos formales del lenguaje complicado que caracteriza a tus escritores predilectos. ¿Cómo es que les admiras, pero no les imitas?

Yo creo que todo escritor tiene a sus autores consentidos, pero toda aspiración de escritor es escribir como él mismo. Si alguien me fascina cómo escribe es Virginia Woolf. Yo sí me decía cuando vivía en Londres, leyendo a Virginia Woolf, caminando por los lugares donde Virginia Woolf andaba, yo me decía: «Yo quiero decir exactamente lo mismo sobre México». Pues al tratar de hacerlo, ya no sueno como Virginia Woolf. Sueno como México y sueno como yo. Yo creo que la admiración no se convierte en un recurso para escribir. Finalmente, el escritor escribe lo que puede, no lo que quiere.

Siento que te arriesgas mucho en Las razones del lago *cuando usas perros como narradores. Sale bien, pero me han dicho que ésa es una de las reglas para escribir ficción, que no se usa animales para narrar nada.*

Primero, esa regla no la conocía, pero si la hubiera conocido, sería la primera en romperla porque en mis libros todo habla. Desde Esteban, que es ese árbol en *Inventar ciudades*, hasta un trapo rojo que es con el que sacude una afanadora una oficina. Esto puede ser lo que me ha sucedido por haber dado tanto taller de niño, pero no veo por qué no pueden narrar los perros. Ya hemos visto una cantidad de películas y también existen infinidad de novelas en donde lo que narra no es humano. A mí se me hace fascinante.

Son mujeres las que escriben en México para niños, por ejemplo Silvia Molina y Aline Pettersson. Por lo general no son hombres los que escriben para niños.

Sí hay varios. Juan Villoro tiene varias cosas buenas. Guillermo Samperio tiene varias. Hasta somos bastante cuates los escritores que hacemos literatura para niños.

Yo hice una novela para adolescentes y es la primera vez que me encargan una novela. Me dijeron: «Te queremos encargar esta novela porque tú viviste en África». Con esto de que viví en África un año y medio me convertí en la especialista. Yo nada más conozco Kenya. Para el libro me ofrecieron el apoyo de El Colegio de México y me dieron la época y el lugar de la historia. Yo dije: «Órale, está bien, pero yo quiero Acapulco negro. Quiero los negros que llegaron a Acapulco». Pues no, me dieron Angola. La época en que llegaron los blancos a Angola, la esclavitud y todo eso. Escribí mi novela. Me divertí muchísimo y era muy chistoso hablar con la investigadora de El Colegio de México. También me dijeron: «Oye, así no se puede narrar». Lo que pasa es que el que cuenta la novela es el chavito angolés que se vuelve cimarrón. Entonces, toda la novela es diálogo. Se llama *Las ceremonias del lago*.

Ya dijimos que tienes tu propio estilo, pero de vez en cuando ¿estás consciente de imitar a otro escritor?

Virginia Woolf siempre está presente en mi narrativa, pero no sabría cómo imitarla. Yo lo que quiero es que lo que escribo suene a lo que verdaderamente siento. Creo que la disciplina de dar talleres me ha ayudado mucho. Aprendes muchísimo dando talleres. Aprendes de los participantes y de sus dificultades para decir. Por ejemplo, les pongo ejercicios cortos de descripción. Están comiéndose un taco en un puesto de tacos en donde no hay mesas. Están de pie, ya le pusieron la salsita, el limón y la cebollita y están a punto de llevarse el taco a la boca y en ese momento suena el celular. ¿Qué hacen? Escriben unas descripciones complicadísimas. Que la mano izquierda, que el dedo derecho. Entonces, les digo: «Ahora pásame tu texto. Te vas a parar allí y vas a hacer exactamente lo que escribiste». Pues no, el cuate se hace unos nudos... [Se ríe.] Lo que haces es que si estás esperando una llamada urgente, le digo al señor o señora que está al lado mío: «¿Me agarra tantito mi taco?» y contesto. Pero es que estos cuates se ponen el taco en el empeine. No sabes. Es muy divertido.

¿Tienes algún estudiante que ha publicado después de salir del taller?

Sí, hay un cuate que se llama Miguel Cané, hay una chava que se llama Isabel Quiñones... Hay varios.

¿Y sientes que van a tener una lucha más dura para publicar por-
que no están en el D. F.?

No, porque casi todos mis *tallerandos* no son de Zirahuen. Son de
otras ciudades. Entonces, en este lugar que se llama El Molino, en
Erongarícuaro, Michoacán, que es en donde doy mis talleres, trae-
mos primarias de toda la República. En los puentes grandes hacemos
talleres literarios para adultos, también gente de toda la República. O
yo voy a Monterrey o a Colima o a Guadalajara.

¿Son talleres de un día?

Son talleres intensivos de cinco días los más largos. De un día no,
porque no es posible. Si voy a ir a Monterrey es porque voy a estar
toda la semana y voy a dar tres horas de taller a un grupo en la mañana y tres horas en la tarde a otro grupo.

¿Cómo fue ser una de las fundadoras de la literatura mexicana
escrita por mujeres, aunque vayas a decir que no eres?

Sí, tienen que ser muy jóvenes las escritoras mexicanas que creen
que soy una de las fundadoras. Yo siempre he estado agradecida a las
fundadoras realmente. Y no hablamos de sor Juana. Estoy hablando
de Rosario Castellanos, de Inés Arredondo, de Elena Garro. Es decir,
ellas realmente hicieron la lucha. Luego llegamos nosotros. Bueno,
yo aparecí con un grupo de escritores en donde había hombres y mujeres. No traíamos bandera feminista ni mucho menos. Luego vinieron las feministas que consideraban que estábamos un poquito arriba de ellas, hasta que una de nosotras les dijo: «Ya no chillen tanto.
Escriban. Ya no se quejen tanto». Fue cuando la novela de la mujer
empezó a soltarse realmente. Pero yo creo que las que nos abrieron
la puerta fueron —y además Elena Poniatowska— fueron esas mujeres anteriores a mí.

¿Te colocas en una generación?

Yo debería de pertenecer a la generación de José Agustín. Pero
son los diez años que estuve fuera. Cuando llegué empecé a publicar
con gente todos más jóvenes que yo, como Silvia Molina, como
David Martín del Campo, como Guillermo Samperio. Además éramos muy amigos y decíamos de pura payasada que éramos la gene-

ración de la coyuntura, pero eso era puro juego. ¿Cuál coyuntura?
Cuando dábamos conferencias en el extranjero, jugábamos a que éra-
mos de esa generación, desarrollábamos teorías complicadísimas.
Pero era como juego.

¿Cuáles son tus proyectos recientes y futuros?

Tengo una colección de cuentos que me pidió el ISSTE en donde
puse unos cuentos ya publicados que me gustan mucho de
Accidentes y de *Intentos* y material nuevo de cuentos que he escrito
en talleres. El librito se llama *De Intentos y Accidentes*. La novela
Nueve madrugadas y media está por salir. La novela en la que estoy
trabajando es una historia en donde por primera vez no estoy utilizando nada mío para contarla. Digo, por supuesto que siempre usas
cosas tuyas pero digamos que es una historia fuera de mi experiencia.

OBRAS DE MARÍA LUISA PUGA

CUENTO

Inmóvil sol secreto. México D. F.: La Máquina de Escribir, 1979.
Accidentes. México D. F.: Martín Casillas, 1981.
Intentos. México D. F.: Grijalbo, 1987.
De Intentos y Accidentes. México, D. F.: ISSTE, 2001.

NOVELA

Las posibilidades del odio. México D. F.: Siglo XXI, 1978.
Cuando el aire es azul. México D. F.: Siglo XXI, 1980.
Pánico o peligro. México D. F.: Siglo XXI, 1983. Premio Xavier
    Villaurrutia 1984.
La forma del silencio. México D. F.: Siglo XXI, 1987.
Antonia. México D. F.: Grijalbo, 1989.
Las razones del lago. México D. F.: Grijalbo, 1990.
La ceremonia de iniciación. México D. F.: Travesías, 1994.
La viuda. México D. F.: Grijalbo, 1994.
La reina. México D. F.: Planeta, 1995.
Inventar ciudades. México D. F.: Alfaguara, 1998.
Nueve madrugadas y media. México D. F.: Alfaguara, 2003.

LITERATURA INFANTIL Y JUVENIL

El tornado. México D. F.: CIDCLI, 1985.
Los tenis acatarrados. Ilustraciones Rosario Valderrama. México D. F.:
    Dirección General de Publicaciones del CNCA / Ed. Corunda, 1991.

ENSAYO

La cerámica de Hugo X. Velásquez: Cuando rinde el horno. México
    D. F:: Martín Casillas, 1983.
Lo que le pasa al lector. México D. F.: Grijalbo, 1990.
Crónica de una oriunda del kilómetro X en Michoacán. México D.
    F.: CONACULTA, 1995.

AUTOBIOGRAFÍA

De cuerpo entero. México D. F.: UNAM / ECO, 1990.

LIBROS DE VIAJE

Puga, María Luisa y Mónica Mansour. *Itinerario de palabras.*
México D. F.: Folios, 1987.

CRÍTICA SOBRE MARÍA LUISA PUGA

López, Irma M. *Historia, escritura e identidad: la novelística de
María Luisa Puga.* New York: Peter Lang, 1996.

Premio Nacional Juan Ruiz Alarcón.

Entrevista con Cristina Rivera Garza

¿Cómo llegaste a ser doctorada en Historia Latinoamericana y escritora de poesía, cuento y novela? ¿Puedes describir tus experiencias formativas antes de llegar a Houston donde realizaste los estudios graduados?

Supongo que es una historia un poco convencional que se inicia sobre todo con la lectura. Crecí en un medio donde se me facilitaba el acceso a libros y donde se promovía la lectura. De ahí a querer escribir no pasó mucho tiempo. Yo empecé estudiando la sociología en la UNAM, una carrera que escogí por el contenido social y político de la misma, pensando que este tipo de información ampliaría mi conocimiento sobre el mundo y, de esa manera, me prepararía para el momento de escribir. Si bien escribía desde antes, fue en la UNAM donde, gracias a una estancia más bien corta en un taller de creación literaria, me di cuenta que había gente que se dedicaba a esto como una profesión. Ahí llevé mis primeros cuentos, dos de los cuales fueron elegidos para una antología de nuevos narradores mexicanos titulada *Parte de horizonte* que compiló Humberto Rivas y editó Punto de Partida. Por ese tiempo también escribí algunos poemas, una colección de éstos, bajo el título *Apuntes*, ganó en 1984 el premio de Punto de Partida. Creo que mucho de este trabajo temprano estuvo marcado no sólo por el número de lecturas y discusiones que eran tan comunes en los salones y pasillos de la UNAM, sino también por la riqueza de experiencias que alguien venido de provincia puede encontrar en la Ciudad de México antes de los veinte años. Antes de salir de México, mi primera colección de cuentos *La guerra no importa*, ganó el Premio

Nacional de Cuento San Luis Potosí en 1987. De hecho, el dinero del premio me ayudó a mudarme a Houston, donde había sido aceptada en el programa de historia de la Universidad de Houston en la cual John M. Hart, uno de los expertos en estudios de la Revolución Mexicana, daba clases, convirtiéndose eventualmente en mi asesor. Una vez más, elegí estudiar historia y no literatura porque pensé que este tipo de disciplina ampliaría mis conocimientos y me daría herramientas que, en el mejor de los casos, me ayudarían a escribir mejor. Creo que tenía desde entonces una vocación interdisciplinaria, aunque en aquellos tiempos no se utilizara este nombre.

¿Sientes que tu relación con México ha cambiado ahora que vives en San Diego? ¿Se debe considerarte una escritora mexicana o mexicana y estadounidense?

Esta es una de las preguntas que me hago con más frecuencia. Tengo aproximadamente doce años fuera de mi país, pero no ha pasado uno de ellos sin que regrese al menos dos veces por año, ya sea por razones personales o de investigación académica. Mi familia vive allá, pero ahora tengo un hijo que nació aquí. Trabajo en una universidad norteamericana, donde doy clases en inglés, pero también doy un taller literario en Tijuana. Escribo ensayos históricos en inglés sobre la historia mexicana, pero continúo publicando tanto narrativa como poesía en español, sobre todo en el centro de México. A últimas fechas incluso he empezado a escribir algo de prosa y otro tanto de poesía en inglés, el original. O, mejor dicho, mi versión original. Como puedes ver, mi experiencia se ha ido haciendo cada vez más bicultural, más fluida, más de los dos lados. A estas alturas no sé si podría vivir en un medio menos diverso que éste, pero la nostalgia por México (que para mí sigue significando la Ciudad de México) no se acaba nunca. Con todo y esto, me considero, tal vez paradójicamente, una escritora mexicana, pero únicamente si el término no es usado de una forma simplemente nacionalista y/o geopolítica. Sospecho que soy una escritora mexicana no sólo porque he nacido en México y me reconozco como elemento de una tradición literaria específica, sino también porque he abrazado una realidad fronteriza y ambivalente donde las raíces relacionales de la identidad y las relaciones sociales en general resultan más patentes, más punzantes.

¿Por qué escogiste los estudios universitarios de sociología e historia y prescindiste de los estudios formales de literatura?

Aunque la repuesta está implícita en lo que ya te he dicho, nada más añado que la posibilidad de estudiar literatura académicamente siempre me pareció muy redundante, muy estrecha. Leía entonces, como lo hago ahora, mucha literatura, y lo hacía entonces y ahora con un desorden personal, producto de arrebato y del gusto, más que de dictados externos. La literatura ha sido, y seguirá siendo, ese espacio de libertad individual al que no he querido domar con reglas de otras disciplinas. Esto, por supuesto, no quiere decir que no lea teoría literaria y otras áreas afines (los historiadores preocupados por el lenguaje tienen que hacerlo por fuerza), pero lo hago con la irreverencia del iniciado en las periferias, lo que me permite cierta desobediencia.

¿Cómo logras combinar las profesiones de historiadora, profesora y escritora de ficción? ¿Divides conscientemente tu horario entre la investigación histórica y la lectura de poesía y novelas? ¿Arreglas el día para pasar una parte en la redacción de los proyectos académicos y otra parte en la escritura de novelas y poesía?

Supongo que se trata de una serie de malabarismos interdisciplinarios difíciles de describir. Tal vez tendría que decir que, más que dividir mi tiempo entre una y otra, usualmente baso mi trabajo en preguntas que me exigen combinar lecturas de uno y otro campo. Así, no paso las mañanas de «académica» y las tardes de «escritora», sino que basada ya sea en documentos o fuentes secundarias voy formulando preguntas que a veces atiendo (más que contestar) valiéndome de una combinación de herramientas históricas y literarias. Para darte un ejemplo: en mi clase de historia de México asigno, además de algún libro propiamente de la historia, sobre todo novelas y cuentos y poesía, las cuales cambio de acuerdo a los temas o autores que me estén interesando. En mi clase de géneros de Latinoamérica sucede exactamente lo mismo: vamos de sor Juana Inés de la Cruz a, digamos, Reinaldo Arenas o Rafael Campo, sin crear mucho alarde acerca de lo «propiamente» histórico o lo «propiamente» literario. En mis seminarios sobre metodología histórica revisamos desde Foucault, por decir algo, hasta Geertz, pasando por Bajtin y algún otro teórico del lenguaje. Tal vez el mejor ejemplo de esta estrategia se encuentre precisamente en la novela *Nadie me verá llorar*, un texto que se inició como un trabajo académico y que pronto se convirtió en la novela misma.

¿Te ha afectado ser mujer en cuanto a tu carrera literaria?

Me gustaría contestar a esta pregunta diciendo, antes que nada, que yo sí creo que el género influye en el quehacer social de los individuos. Esto no quiere decir que el género sea el único o el más importante de los elementos que influyen o informan el quehacer social de los individuos. Para ser más específica: todo lo que soy —mujer, madre, hija, profesora, morena, amiga, mexicana, norteña, divorciada, exiliada y un largo etcétera— ha afectado mi carrera literaria, a veces positiva y a veces menos positivamente. Vivimos, efectivamente, en sociedades donde las relaciones de género son desiguales, pero creo que, como lo demuestra en muchos casos la nueva historia social, tales relaciones son más dinámicas, más permeadas por la tensión y la negociación de lo que hemos creído hasta ahora. En otras palabras: no me interesa el discurso de la victimización femenina porque muchas veces, en su afán por identificar y reivindicar las demandas de las mujeres, se pierde de vista la agencia que muchas de estas muy diversas mujeres han ejercido a lo largo y ancho de la historia con armas muy dúctiles y culturalmente específicas. Y no creo que la literatura —las novelas, la poesía, los cuentos— sean sitios desde los cuales tal o cual posición política deba enarbolarse. Esto no quiere decir que no crea que, en su merodeo por la complejidad humana, por esa zona del claroscuro que es donde se trama el mundo, la literatura no se vea informada a su vez por las discusiones sociales y/o políticas donde éste es creado. Simplemente no creo en una literatura de tesis, en una literatura panfletaria que pretende dar respuestas en lugar de plantear preguntas, de preferencias imposibles.

En La más mía, *citas las primeras palabras de* Pedro Páramo. *Sin embargo, la voz poética en el poema es mujer y ha regresado para visitar a su madre enferma. ¿Te cuesta encontrar ejemplos en la literatura para describir tu experiencia como mujer? ¿Es necesario torcer la literatura ya existente para que te describa?*

He estado pensando mucho en esta pregunta antes de contestarla. Veremos si logro decir algo en lo que crea. Tendría que empezar por decir que no creo que la función de la literatura sea describir y/o expresar una experiencia propia. Creo que la literatura permite explorar la complejidad del mundo con esa herramienta maravillosamente ambivalente y multifacética que es la palabra, produciendo en el proceso conocimiento sobre el mismo. Me explico: no creo que la gente escriba (interesante el uso de la tercera persona aquí, ¿no te parece?) para «expresarse a sí mismo/a» como si tratara de un movimiento que se inicia adentro (el pensamiento) y termina afuera (la palabra). Creo que la palabra *es* pensamiento y, en tanto tal, y para respetar la metáfora inicial, los dos se producen y reproducen «afuera». En este sentido, toda literatura propia es, en realidad, la literatura de otro. Ahora bien, esto no quiere decir que uno no pueda o no tenga que «torcer la literatura ya existente». Éste es, desde luego, el privilegio activo y la responsabilidad opcional del lector que interpreta el texto. Sobre la segunda parte de tu pregunta también tengo mis dudas: el ser mujer. No creo que ninguna identidad del género sea estable, fija, inamovible. Creo, muy influenciada aquí por Judith Butler, que el género es sobre todo un *performance* que varía y se *enacta* de acuerdo a negociaciones específicas en contextos específicos. Así entonces, si pongo las dos partes de la pregunta juntas diría en resumidas cuentas: prefiero la literatura para la cual el lenguaje no es simple representación de lo real, sino herramienta para el análisis del mismo. Prefiero la literatura que me des-familiariza el mundo, donde no me encuentro, lo que los Language Poets entre otros llaman *making strange*. Prefiero la literatura para la cual los géneros son puntos de partida, problematizaciones performativas, y no principios estáticos o puntos de llegada.

Mencionas a Marguerite Duras en La más mía. *¿Otras autoras te han influenciado? ¿Hay historiadoras que te han afectado?*

Me gusta mucho Duras por la economía de su lenguaje, por su precisión casi cruel con las palabras, por su falta de compasión. Me gusta mucho el trabajo de la australiana Dorothy Porter, una poeta que escribe novelas versales donde explora travestismos de género (en el sentido tanto sexual como narrativo del término) y de voces varias. Me gusta Margaret Atwood por su fraseo rápido, por su sarcasmo, por su lengua viperina (alguna vez dijo que ninguna mujer era mejor —éticamente— que los hombres. Si fuera así, continuó, no habría Ofelias, no habría celos, no habría pasión). Me gusta Anne Michaels, otra canadiense, que escribe tanto novela como poesía, donde explora los mundos del dolor sin sentimentalismos, con el lenguaje agudo y el intelecto alerta. La lista es larga, pero creo que el común denominador es que son buenas escritoras, es decir, las autoras que tienen una relación compleja y nada transparente con el lenguaje. De México, me siento más cercana a las abuelas espectrales y misteriosas: Amparo Dávila, Guadalupe Dueñas, Josefina Vicens; que a los oficiales: Elena Garro, Rosario Castellanos.

La diferencia entre la perspectiva científica y la perspectiva más subjetiva parece interesarte mucho. En Nadie me verá llorar, *vemos que la opinión del médico no toma en cuenta aspectos importantes de la experiencia ni el punto de vista de su paciente, la protagonista Matilda. Asimismo, en* La más mía *publicado un año antes de la novela, la descripción de la enfermedad desde la perspectiva médica tiene poco que ver con la sensación de la madre enferma. [Después de reproducir las observaciones científicas del médico, el poema «Egreso» concluye con el pensamiento de la paciente: «Mi madre dijo: 'El aire no había estado nunca tan azul'» (78).] ¿Por qué te interesa esa discrepancia entre lo científico y lo subjetivo?*

Me interesa sobre todo el punto en el cual ambos discursos convergen, chocando a veces, interpelándose otras, pero siempre haciéndose uno al otro. No me interesa, una vez más, «denunciar» el discurso científico como arma de denominación genérica (algo que ya se ha discutido mucho y que algunos historiadores y críticos literarios han documentado hasta el cansancio), sino identificar el momento en el cual estos dos discursos (que puede haber más) se topan frente a frente. Es cierto que el médico usualmente no toma mucho en cuenta el habla/información/estrategias discursivas del paciente, pero también es igualmente cierto que el médico no puede darse el lujo de ignorar totalmente el otro discurso a partir del cual él se hace a sí mismo. Así entonces, nos encontramos no frente a un caso de ceguera, sino ante un caso de miopía. Ambos actores tienen que verse, lo hacen a través de sus lentes específicos, se malinterpretan con frecuencia, se desencuentran en otras ocasiones, pero la atención primera, el impulso de hacerse y rehacerse está ahí desde un inicio. De otra manera uno no se explicaría a qué va el paciente, por qué espera al médico. En términos un poco más abstractos, creo que podría decir que, en lugar de manejarme con ejes verticales de poder (las víctimas versus el victimario, los de arriba versus los de abajo, lo blanco versus lo negro) me interesa el horizonte desigual donde hombres y mujeres con agencia propia se encuentran, negocian, sin perder del todo, pero sin alcanzar ganar. Es en esa tensión, en esa irresolución que sucede todo lo que a mí me interesa.

En Nadie me verá llorar, *la división entre los locos y los cuerdos es flexible. A veces, la protagonista no parece nada loca y en cambio, el médico actúa como un infeliz confundido. El médico echa mano al lenguaje erudito para mantener su propia autoridad y para controlar la percepción de la protagonista. También recurre a veces a las ideas «científicas» de Freud. Para ti, ¿qué representa esa «ciencia» en cuanto a la salud y la percepción de las mujeres «locas»?*

Creo que al entrar en el mundo de *Nadie me verá llorar* tenía muy claro que no me interesaba responder a la pregunta: ¿está o no está loca Matilda Burgos? Me interesaba, y me sigue interesando, explorar la manera en que tanto los así llamados cuerdos y los así llamados locos construyen un lenguaje a través del cual ambos tomarán identidades específicas en sus sociedades. Es sabido, por supuesto, que el lenguaje de la psiquiatría y, más tarde, el del psicoanálisis (aunque aquí con muchas variantes) han contribuido a crear síndromes (la histeria es el caso *par excellence*) que han afectado la vida de mujeres a lo largo y ancho del planeta. Lo mismo ha pasado con los hombres (el caso más próximo es el del alcoholismo en varones a inicios del siglo xx en México, por ejemplo). Quiero decir que lejos de ser neutro o de encontrarse fuera de la realidad, el lenguaje de la psiquiatría ha sabido manipular interpretaciones de género, clase, etnicidad, raza, orientación sexual, y un largo etcétera, para hacerse útil, para hacerse de un nicho dentro de la sociedad. Del otro lado de la moneda, también tendría que mencionar que la psiquiatría y sus instituciones (muchas de ellas denigrantes e insalubres, especialmente las de corte público) también han creado un foro donde aquellos a los que rara vez se les escucha pueden, de manera usualmente limitada, contar su versión de los hechos. Digo esto con toda la precaución del caso, pero bajo el entendido que si la psiquiatría ejerce algún poder social, lo tiene que hacer con la complicidad de aquellos sobre los cuales actúa. Éstos, a su vez, tienen que recibir algo (atención, un oído medio abierto, la posibilidad mínima de expresión) para mantenerse en el juego.

El examen médico de la protagonista en Nadie me verá llorar *parece equívoco. El expediente de Matilda encuentra «Chancros sifilíticos. Bubas. Placas en el labio inferior. Histerismo». Sin embargo, la «Prueba de Wasserman» resulta negativa. ¿Matilda está enferma o no?*

Podría decir dos cosas al respecto. La primera es que realmente no soy médico ni psiquiatra y que, luego entonces, no me siento capacitada para dar un veredicto biológico acerca de su estado. La segunda es que, efectivamente, Matilda está enferma porque está viva. Todo cuerpo se marchita; todas las mentes se atrofian; todos caemos. Todos somos mortales. Todos estamos, de una o de otra manera, enfermos.

En el libro de cuentos La guerra no importa, *los mismos personajes aparecen en más de un cuento. ¿Es un experimento con el género del cuento que intenta empujarlo hacia la novela? ¿Cuáles eran tus metas narrativas al escribir los cuentos?*

Efectivamente. Aunque era muy joven y me faltaba mucha pericia narrativa, mi reto al juntar esos cuentos era crear puentes entre ellos para hacer un texto caleidoscópico, contradictorio, fragmentario, abierto. Quería no sólo crear personajes que fueran de un cuento a otro, sino también que se desdijeran (desencializaran) de un cuento a otro. Quería que esos personajes (sus múltiples identidades) pusieran en entredicho la naturalidad de los contextos, su supuesta estabilidad. Pero todo esto lo digo muchos años después. Es posible que no haya querido nada más que contar una historia que no sabía muy bien cómo contar.

Nadie me verá llorar *muestra un cambio de estilo apreciable de* La guerra no importa. *La novela ofrece un reto de lectura menos difícil. ¿Te propusiste ese cambio o evolucionó de acuerdo con el tema de la novela?*

No estoy muy segura de lo que signifique «lectura menos difícil». Hubo, efectivamente, mucho más trabajo, o en todo caso mucho más consciente, a nivel de la estructura de la narración en *Nadie me verá llorar* que en *La guerra no importa*. De hecho, el primer capítulo fue el que me presentó casi todos los retos juntos y a la vez. No es, y nunca quise que fuera, una narrativa lineal, no me proponía representar la historia, el flujo de la misma, en un sentido evolutivo. Tampoco quería que me ganara mi gusto personal por lo experimental, porque desde siempre también tuve muy en claro que quería contar una historia (y en este sentido «contenido» y «forma» siempre estuvieron muy unidos aquí). Me gustaría creer que lo de «menos difícil» se refiere a que toda esta discusión interna del autor no se nota mucho en el producto final, lo cual sería un logro. Aunque, claro está, también puede verse como ausencia de reto estructural/narrativo. Sinceramente creo que ese reto sí está ahí.

Explícame eso del flujo de la narrativa no-lineal en Nadie me
verá llorar. *¿Se relaciona con la nueva novela histórica?*

Una de las tesis de Walter Benjamin sobre la filosofía de la historia propone que la historia no consiste en contar las cosas como pasaron, sino atraparlas en el momento de peligro. Esta iluminación fue
uno de los motores internos de *Nadie me verá llorar*. A pesar del re-
godeo en el detalle, de la *accuracy* o exactitud de los eventos históricos, la novela no aspira a reflejar/reproducir la realidad, sino a poner en juego ciertas estratagemas del realismo para crear una
apariencia que es en realidad una apariencia, con su equívoca trans-
parencia y su calidad de estar ahí de manera «natural», es decir,
«dada». Digamos, en términos de Charles Bernstein («Artifice of
Absorption»), que he usado *absorptive* mecanismos con *anti-ab-
sorptive* fines. Estoy explorando más radicalmente en mi trabajo actual eso y se encuentran ya en *Nadie me verá llorar*.

La nueva novela histórica está emparentada con discusiones/ex-
ploraciones de la nueva historia social/cultural: énfasis en las voces
olvidadas, producción de significado, negociaciones/diálogos/argu-
mentos de/sobre poder. Uno de sus meollos se encuentra en su relación menos transparente/más complicada y/o juguetona con el realismo. Otro de sus meollos se encuentra en la sospecha generalizada
acerca de la naturaleza evolutiva (de progreso) de la historia misma.

Volviendo a la ausencia de la narrativa lineal: todo empieza el
primer capítulo donde la construcción del encuentro se entrecorta
varias veces por una tercera persona que distancia la narración de
inmediato. La tercera persona, luego, se desnuda como tercera persona. Es el *él* que sabemos que usa Joaquín, aunque sólo lo men-
cione el médico. El primer capítulo es el largo recorrido para saber
lo que *él* quiere conocer. Y acaba donde empieza todo. Lo demás,
ese recorrido de infancia, la adolescencia, la migración, el trabajo,
la pérdida, lo cual es aparentemente lineal, sale de la acumulación
de guiños enmarañados que ya están en el primer capítulo. Son una
especie de largos pies de página para los que gusten de la forma
evolutiva o a quienes los titubeos, el hesitar, los pongan nerviosos.
Después de todo, el autor siempre está jugando el ajedrez con el
lector, siempre está a punto de seducirlo, siempre falla, siempre lo
vuelve a intentar.

Veo que se va a publicar la novela Cruzar el Atlántico con los ojos vendados *y que las mismas investigaciones que forman* Nadie me verá llorar *se publicarán en la Universidad de Nebraska bajo el título* Mad Encounters. *¿Puedes hablar de tus proyectos futuros?*

En el último momento decidí que, en lugar de *Cruzar*, tendría que publicar una novela que acabo de terminar, *Voz que destroza hado* [*La cresta de Ilion*], un texto de búsquedas formales e intertextuales más cercano a mi situación actual que el anterior. Se trata de una lectura/recomposición/desfamiliarización de la obra de Amparo Dávila, una escritora mexicana cuyo trabajo admiro mucho. Y, siguiendo por esa ruta, ahora me encuentro trabajando en un libro de poesía en inglés (*The Reasons of the Arsonist: Essays on Self-Translation*) del que todavía sé muy poco, pero dentro del cual he podido plantear preguntas que pueden dar lugar a más preguntas. Creo que, paralelamente, empezaré a trabajar en una novela escrita en verso libre, tal vez en inglés pero eso todavía no lo sé a ciencia cierta.

¿Por qué escribes en inglés? Algunos escritores, por ejemplo los del D. F., ¿no te van a ver sospechosamente?

Hace poco escribí con un amigo una especie de panfleto sobre la frontera: «La frontera cruzada: Instrucciones para ir de un lado a otro y versa-vice». El documento se compone de una serie de consejos para aquellos que, de verdad, quieren cruzar la frontera y no sólo transitarla. El primer punto de recomendación de volvernos multilingües y siguiendo los consejos de, por ejemplo, Michael Palmer, recomendábamos a su vez escribir un libro en una lengua que no fuera materna. Decíamos, con Palmer, que deberíamos despertar de ese sueño dirigido por la lengua materna. Decíamos que todo mundo tendría que hablar su lengua materna con acento. Y que cuestionábamos eso que es muy común en cierta literatura chicana donde el autor escribe oraciones en perfecto inglés únicamente aderezadas con alguna que otra palabreja en español. En contra de eso proponíamos algo un poco más radical: usar la lengua materna no como decoración, sino como herramienta para descomponer la no-materna. La combinación, pues, tendría que notarse en la forma en que se construyen oraciones, en la raíz misma del lenguaje y sus muchas manipulaciones, y no solamente en la superficie. Éstas son algunas de las razones por las cuales estoy intentando escribir poesía en inglés, el libro *The Reasons of the Arsonist: Essays on Self-Translation* que te mencioné.

Y sí, espero que los poetas del D. F. me vean sospechosamente. Me gustaría que los poetas chicanos lo hicieran también, y los gringos, y todos los demás. Me gusta eso de levantar sospechas.

Se ve que has trabajado mucho con el lado teórico de la escritura y estás desarrollando tus propias teorías a nivel consciente. ¿Me puedes resumir algunas de estas ideas?

Creo esto: uno escribe para tantear los límites del lenguaje, para saber hasta dónde te pueden llevar las palabras, nada más. Uno regresa de eso sin lección, sin moraleja, sin principios. Uno nada más regresa. Si tiene suerte, regresa.

Yo creo que el lenguaje es artificio, una herramienta de uso social. El lenguaje no es un mecanismo de auto-expresión o representación. Te paso una copia de algo que escribí en inglés acerca de eso:

She said in the classroom: «The dream is over». Sighing. Eighteen students, four of whom knew what she meant. «You do not write novels to express yourself», she had said. She said that there is no *yourself* to be *expressed*, feigning the italics. «You experiment with language», she had said of the novel. «To see where it takes you».

«You do not bring anything back», she added.

The past is about to happen. It always is. She said this of the historical novel.

The third person is the place of the void. Unlike the «I» that feigns natural realism, the «she» or the «he» comes in agreed-upon artifice.

«You do not go into the page to know», she tells eighteen students thirsty for metaphor, «but to unknow».

Nos dejas con mucho que pensar.

Sí, todo esto es muy interesante. Me estás haciendo pensar en cosas que había pensado pero no había puesto en oraciones completas.

OBRAS DE CRISTINA RIVERA GARZA

Poesía

La más mía. México D. F.: CONACULTA, 1998.

Cuento

«Cadáver oceánico». En: *Parte del Horizonte: Antología de Jóvenes Narradores*. México D. F.: UNAM, Punto de Partida, 1982.
La guerra no importa. México D. F.: INBA / Joaquín Mortiz / Planeta, 1991. Premio de Cuento San Luis Potosí.
«El último verano de Pascal». En: *Antología de los mejores cuentos mexicanos 2001*. Bárbara Jacobs (ed.). México D. F.: Planeta, 2000. Premio Nacional Viceversa por Mejor Cuento, segundo lugar, 2000.
«El Desconocimiento: Carta para la desaparición de Xian». En: *Cuentistas Tamaulipecos del fin de siglo, hacia el nuevo milenio*. Cd. Victoria: Instituto Tamulipeco para la Cultura y las Artes, 2000, 385-414.
«Andamos perras, andamos diablas». En: *Ficticia: Autores de México, Colombia, España y Argentina*. México D. F.: Ediciones Anís del Mono, 2001.
Ningún reloj cuenta esto. México D. F.: Tusquets, 2002. Premio Nacional Juan Vicente Melo 2001 para la mejor colección de cuentos [manuscritos] en México. Ganó bajo el título *Hombres frágiles*.

Novela

Nadie me verá llorar. México D. F.: Tusquets / CONACULTA / INBA, 1999. Premio Nacional de Novela José Rubén Romero, Premio Nacional de Novela IMPAC-CONARTE-ITSEM, Premio Sor Juana Inés de la Cruz para la mejor novela publicada en los últimos tres años.
La cresta de Ilión. México D. F.: Tusquets, 2002.
Mírame caer. Manuscrito en preparación en la editorial Tusquets. Bajo el título *Desconocer*, una versión previa de esta novela fue finalista del Premio Juan Rulfo, 1994.

Ensayo

Mad Encounters: Psychiatrists and Inmates Debate Gender, Class, and the Nation in Mexico, 1910-1930. Manuscrito en preparación en la Universidad de Nebraska.

«'She Neither Respected nor Obeyed Anyone': Psychiatrists and Inmates Debate Gender and Class at the General Assylum *La Castañeda*, Mexico 1910-1930». En: *Hispanic American Historial Review* 81: 3-4, 2001.

«Dangerous Minds: Changing Psychiatric Views of the Mentally Ill in Porfirian Mexico». En: *The Journal of the History of Medicine and Allied Sciences* 56, 1: 36-67, 2001.

«Por la salud mental de la nación: Vida cotidiana y estado dentro del Manicomio General *La Castañeda*, Mexico 1910-1930». En: *Secuencia*, 2001.

«The Criminalization of the Syphilitic Body: Prostitutes, Health Crimes and Society in Mexico, 1867-1930». En: *Crime and Punishment in Latin America: Law and Society since late Colonial Times*. Gilbert Joseph y Carlos Aguirre (eds.). Durham: Duke University Press, 2001, 147-180.

«Becoming Mad in Revolutionary Mexico: Patients at the General Insanc Assylum *La Castañeda*, Mexico 1910-1930». En: *The Confinement of the Insane: International Perspectives*. Roy Porter y David Wright (eds). Cambridge: Cambridge University Press, 2001.

Tesis doctoral

The masters of the streets: Bodies, power and modernity in Mexico, 1867-1930. Universidad de Houston, 1995.

Beca posdoctoral «National Endowment for the Humanities» 2000-2001.

Entrevista con Martha Robles

Tienes una gran diversidad en tu trabajo. ¿Cómo te ves a ti misma: una especialista o escritora de varios géneros y temas?

Sólo una mujer que ama las letras, si no sonara pedante. Es frecuente referirse al «hombre de letras». Vago de por sí, el término no suele aplicarse a las escritoras. Hay autores que nos hacen pensar en la pasión de saber, en «el vacío en espera del vocablo», que dijera Jabès. Desearía ser uno de ellos. Busco el libro detrás del libro, la palabra esencial y lo que se sabe sin saber que se sabe. Escribir en mi caso, por tanto, ha sido tarea indivisible de esta búsqueda del ser que se aloja detrás del ser. De ahí mi interés por la tragedia, la música y la poesía; y, respecto de algunos autores/cifra, por Nietzsche, Ortega y Gasset, Machado, Valle Inclán, Joyce, Kafka, Jabès, María Zambrano, Yourcenar, Borges, Bloom, Steiner... Me pregunto, desde la alternativa periodística que practico semanalmente, por qué tiende nuestra época a situarse en lo terrible, en un impulso de muerte que, cruel como nunca, establece sobrantes de humanidad.

Por otro lado está la pertenencia a una cultura del miedo y cuanto significa ser escritora en un ámbito excluyente, inventor del ninguneo y de espaldas al pensamiento crítico. Sin distingo del sexo, pensar, recrear o cuestionar la realidad, mediante la ficción, la poesía o el ensayo, convierte al portador de juicios en un escritor incómodo. Pero son los escritores «inorgánicos e incómodos» en los términos de Gramsci, quienes forman el nervio de nuestros sedimentos culturales. No importa qué tanto sean leídos o reconocidos en su hora porque de todas maneras sus aportaciones fluyen como un río vertiginoso que puede o no incorporarse a la tradición oral, pero inevitablemente enriquecen el saber acumulativo de las generaciones.

Es un hecho, desde los días de sor Juana, que el saber comprometido conduce a un estado natural de desobediencia. Esa rebeldía se contrapone al impulso de sumisión, distintivo de nuestra sociedad paternalista.

En 1985 publicaron un estudio sobre los intelectuales mexicanos[1]. Entrevistaron a un grupo de académicos de los Estados Unidos; además de intelectuales y políticos mexicanos. Y sólo de entre un grupo —los intelectuales en México— el autor escogió a una mujer, o sea, escogió una mujer: Elena Poniatowska. ¿Qué opinas?

Elena es inseparable de una presencia femenina que inauguró la expresión de apertura, típica de los años sesenta. Su nombre y el de Rosario Castellanos llenaron durante, cuando menos, dos décadas un vacío importante en la literatura mexicana. Pertenece a una generación de escritores que, entre el periodismo y las letras, se atrevieron con la monotonía reinante en esta sociedad pacata, a la sombra de los dominios eclesiales y políticos. Por sobre su participación en Los Presentes con *Lilus Kikus* y su proximidad juvenil con Juan José Arreola, al parecer inició su verdadera carrera realizando entrevistas para suplementos culturales, bajo la principal tutela de Fernando Benítez. Graciosa, su aparente ingenuidad no tardó en atraer la atención de lectores, políticos y colegas. A grandes rasgos no representó un riesgo crítico, aunque al paso del tiempo refinara este aspecto, especialmente al publicar La noche de Tlatelolco: un testimonio gráfico y periodístico oportuno, valiente e indispensable para conocer los crímenes cometidos en 1968. De origen extranjero, la apodaban «La princesa Poniatowska», y en mezcla de seriedad y juego surgió la escritora que es: «un carácter», como diría Unamuno, apreciada entre feministas y grupos discrepantes por sus intervenciones directas a favor de ciertas causas locales relacionadas con la justicia.

Ya que hablamos de Elena Poniatowska, ¿qué opinas de Elena Garro?

---

[1] Camp, Roderic A. *Intellectuals and the State in Twentieth-Century Mexico.* Austin: University of Texas Press, 1985.

En la figura de Elena Garro se congregan dos dramas tan reveladores como inseparables del contexto mexicano: el personal, que remite a la idea del destino y el de la autora de Los recuerdos del porvenir, que hasta el fin de sus días estuvo supeditada a los vaivenes apasionados de su conflictiva relación con Octavio Paz. Infortunada en lo substancial, en brevísima narración autobiográfica se definió «partícula revoltosa». Rebelde y tan imprudente como desasosegada, la tinta corrió por sus venas. «Una escritora de raza», como diría Camilo José Cela. Nada qué ver con la Poniatowska; hay que decirlo, ni modo. Garro era una fuerza de la naturaleza: intimidante, incómoda a los ojos de una sociedad que, ávida de escándalos, repudia al que los protagoniza. Elena era culta, transgresora y tan irritable, vanidosa y necia como Octavio; pero, mujer al fin, pagó el precio de su individualidad. Individualidad femenina, por añadidura, lo que resultó insoportable a tan añeja hipocresía social. Sus errores no fueron mayores ni peores a los cometidos por tantos artistas e intelectuales que, indivisibles del característico machismo, hasta son ponderados por sus bajezas. A ella podría aplicarse la sentencia de Torres Bodet: «México es una llanura: al que asoma la cabeza, se la cortan».

¿Cuál sería tu posición dentro de la literatura mexicana de la actualidad?

Mira: escribir y escribir con inteligencia se equipara a las grandes conquistas científicas que amplían las perspectivas de cualquier comunidad, con la salvedad de que el escritor aporta la cifra ética que no siempre contempla el hombre o mujer de ciencia. De ahí mi insistencia en discurrir y hacer valer un nuevo humanismo; es decir, poner en su sitio la distracción del anticuario y su complementaria burocracia académica que tanto deforman el sentido crítico de la creación para atrevernos, de una vez por todas, con el dilema de subsistir o morir en el que nos ha colocado el pensamiento único, excluyente y enemigo de la condición humana.

El nuevo humanista tiene mucho qué aprender del científico, especialmente a sacudirse la frivolidad que cada día hace más difícil la refutación en la que Karl Popper, al «falsear» el historicismo en bien de las sociedades abiertas, se cuenta entre los últimos exponentes del pensamiento vivo.

Pero, volviendo a la pregunta inicial, es indudable que las voces fuertes sacuden, estremecen, cuestionan. A los mexicanos no les gusta el tono directo ni la sinceridad: se les considera agresivos. Paradójico en una sociedad tan caracterizada por su violencia, este fenómeno entraña múltiples respuestas a los usos evasivos y por demás complicados giros del lenguaje, del habla que habla en nombre de un inconsciente colectivo que suele acudir al empleo de parapetos para amortiguar los golpes ocasionales de la razón. Aquí no se tolera la claridad, todavía.

Es interesante examinar a Eva Puerto en Memorias de la libertad *como la mujer fuerte, verdugo de los demás, y por otra parte, la idea de un feminismo irritante en* Biografías clandestinas: «Detesto la tontería femenina y la estupidez de las adictas a dietas», etcétera. ¿Me puedes hablar de tu feminismo? Eres muy dura a veces con las mujeres.*

Sí. Es una de mis fibras más sensibles... Pertenezco a una sociedad muy machista donde las mujeres hemos sido cómplices de la sumisión secular y de una indignidad que no ofrece salida. A veces incurren en actos de desesperación, y una misma se descubre de pronto atrapada en esas redes culturales. Cuando intentas modificar esta situación, no sólo corroboras que no puedes hacerlo, sino que son las mujeres quienes se convierten en tus peores enemigas al impedir ese gran salto al estado de justicia que, sin embargo, encabeza el clamor popular. Lo experimenté en la universidad, en mi vida privada, en el medio intelectual y, desde luego, en mis antecedentes familiares. Pertenezco a una familia de mujeres fuertes, algunas inclusive dotadas, con capacidad inusual. Una a una, generación tras generación, fueron destruidas, dobladas, confinadas hasta límites lastimosos. Tuve una tía abuela brillante: políglota y amante de los clásicos latinos. La exasperaba la ignorancia, el medio intolerante de la provincia. Nunca participó del criterio excluyente que la disminuía profiriendo burlas a costa de su pasión de saber o calificándola de «sabihonda» y «presumida». «¿Quién se creía?» Soltera, oportunamente rechazó el destino asignado a las representantes de su clase. En plena madurez y mediante un juicio de interdicción la confinaron de por vida en un manicomio porque era «anormal»: agredía la sensibilidad delicada de la «gente decente». En realidad, al tiempo concluí que esa fue la excusa para despojarla de su herencia.

Yo entonces era muy, muy pequeña. Me recuerdo con los ojos y los sentidos abiertos; espantada y ya consciente del desamparo femenino, que desde luego se manifestaba en ese particular caso y en los demás órdenes de la vida. Aún se repiten anécdotas «graciosas» sobre este infortunado suceso. Podría relatar varios ejemplos dramáticos de mujeres talentosas a mi alrededor. Ninguna pudo contra lo que desde niña supuse determinismo aterrador y motivo de mis peores pesadillas. Así que ese «feminismo irritante», como lo defines, es una reacción explicable. Es la primera vez que me atrevo a confesarlo. De haber crecido entre «amas de casa» convencionales y hombres que no ostentaran, como mis parientes y conocidos, una supuesta y misteriosa superioridad, seguramente estaría hoy integrada al coro de los lugares comunes; y todos contentos: nada de Biografías clandestinas ni ensayos o páginas incómodas. Pero, en este sentido y por fidelidad a mis orígenes, resulta que yo soy el otro. Es mi Ananké.

Insisto: las mujeres fuertes y verdaderamente dotadas tienden a ser destruidas en México. Es un hecho comprobable. Estudiar esta realidad y resguardarme en soledad, acaso sea una forma defensiva. Observé por las mismas causas a Elena Garro. ¿Qué mejor ejemplo para corroborar que hoy mismo continúa abatiéndose, mediante los más sofisticados o burdos procedimientos, el talento femenino? Elena Garro acabó completamente aniquilada. Claro que ella intervino en su autodestrucción. En su biografía abundan datos sobre su natural conflictivo. Pero nadie podría negar el peso específico que representó su notable inteligencia no sólo en los delirios de Paz —de los que no suele hablarse—, sino en los desafíos que interpuso a una sociedad que aún no quiere ni puede reconocerse en las «disfunciones» o en lo que Robert K. Merton llamó «las conductas desviadas». Es algo pavoroso. El medio no soporta a ninguna mujer distinta de lo común, corriente o esperado respecto de su presencia limitada y limitante. Se pierde el control: «No se puede con ella». Que si mi «feminismo» es irritante; es posible. Lo dirá el tiempo.

Mira lo que son las cosas: nunca me consideré «feminista»; mucho menos «irritable». Supuse, hasta ahora, que ni siquiera tengo una filiación precisa. Me he reconocido en el nuevo humanismo, en esa búsqueda de la dignidad esencial que atañe al hombre. Para mi infortunio, carezco de fe religiosa. Pero, al preguntarme de dónde vengo o el por qué de ciertas preocupaciones inevitablemente descubro que intelectualmente procedo, en cierta forma, de fray Antón de Montesinos, Las Casas, Vitoria, Cano, Soto; es decir, provengo de espíritus que han sabido decir «no».

Ese feminismo independiente y algo duro lo veo también en los dos tomos de La sombra fugitiva. Escritoras en la cultura nacional. *Son libros importantes para los estudios de autoras mexicanas. Recuperas nombres que en otros lados desaparecen. Allí, tu crítica de* Oficio de tinieblas *es dura. Rechazas la novela por tener personajes buenos y malos, por el lenguaje que refleja el de Chiapas, y por el marco del tiempo, que no te convence. Dices: «No se trata únicamente de un desacierto histórico, sino de la confusión en la que han incurrido ciertos conservadores mexicanos». ¿Me puedes hablar de eso?*

Rosario Castellanos es surtidor y lenguaje generatriz que no puede desatenderse. Rosario no pudo vencer el cerco de su conservadurismo natal. Su versión refleja una actitud piadosa más próxima a la religiosidad convencional que, por ejemplo, a la vertiente crítica de Las Casas. Su interpretación me parece chocante por ese trasfondo doliente, tan de víctima pasiva o desamparada que cierto tipo de mexicanas suele frecuentar. Provenía nada menos que de Chiapas: una de las regiones más intolerantes, atrasadas, racistas y brutales del país. Situó en un mismo plano de injusticia a indios y mujeres, lo que históricamente no es posible en nuestra realidad, aunque, con los niños, representan el eje de un sufrimiento secular. Al interpretar el mito de Antígona, años después de publicar *La sombra fugitiva*, me di cuenta de que Rosario encarnaba en muchos aspectos esa función de velar el destino del padre, «el honor familiar». Ante la muerte de su único hijo varón, además, la existencia de Rosario se convirtió en excusa para acrecentar su repudio a la condición femenina. De allí su búsqueda de ese «modo de ser distinto.»

El hecho es que Rosario vivió atrapada en la convergencia de tres elementos, indivisos de su biografía: paternalismo, religiosidad y filiación conservadora. Tímidamente, basada en la experiencia, exploró el feminismo de su hora. Sin embargo, no pudo dar el salto a la rebelión fundadora, indivisa de la creación de una nueva palabra, quizá porque le faltó formación política e histórica. Los indios, para Rosario, fueron «pobrecitos indios», desde la perspectiva cristiana. Eso es comprensible en opiniones comunes, no en una escritora. Desatendió en su narrativa otras posibilidades éticas para abarcar las contradicciones de Chiapas. Considero simple partir de una división de lo «bueno» y lo «malo», de acuerdo al criterio del catolicismo conservador.

Cuéntame un poco de tu vida.

Mi biografía personal me sitúa entre los extremos del panismo, por la vía paterna, y la más directa lucha del levantamiento armado, mediante la acción combatiente de mi abuelo materno y mis tíos. No me quedaba más que una tercera vía. Eva Puerto, en *Memorias de la libertad*, que en cierta forma está inspirada en mi madre, es producto de un medio devastador. Por desgracia, escribí esa novela muy, muy joven: hacia los veintiún años de edad. Así que esa fuerza desgobernada no es más que un reflejo de la irracionalidad que en lo substancial marcó las vidas de los protagonistas de la Revolución que no sólo sentaron las bases de un sistema presidencialista que a todos afectó durante siete décadas, sino que absorbió el talante de un pueblo inclinado a la violencia. Crecí entre los afanes cultos de la herencia jesuítica elevada a aspiración partidista y la anarquía sin rumbo. Así que, como Rosario Castellanos, también provengo del conservadurismo.

Se me ocurre pensar que, no obstante su caos, la rebeldía materna me preservó de repetir lugares comunes enseñándome a sobrevivir desde «otra manera de ser». No tuve más remedio que atinar con una lógica ordenada. En mi formación, como en la de Rosario, senté las bases de mi necesidad de entender para transformar mi realidad, al menos en mi entorno. Aprendí a leer sola a los tres años de edad. En la biblioteca de mi abuelo paterno hice mis primeras lecturas. La discriminación femenina, no obstante, era atroz. A mi padre particularmente le irritaba mi pasión de saber; a mi madre, en cambio, le tenía sin cuidado. Tuve que formarme sola y vencer un sin fin de obstáculos, incluso para asistir a la universidad contra la voluntad de mi padre. Soy la tercera de siete hijos. Entre el desorden tremendo que me tocó en suerte tenía, inconscientemente, que encontrarle una salida al caos. Así que en la razón con rebeldía finqué el único modo de vivir con dignidad.

Ahora que dices que a los tres años aprendiste a leer, eso también pasa a la protagonista de Biografías clandestinas. *¿Es autobiográfica en cierta forma?*

Es probable. No podemos renunciar a lo que hemos sido; menos aún en tus primeras páginas. Todo escritor acude a sus raíces. Pero no es la novela el propósito más visible de una biografía clandestina. Como género literario se aproxima a la confesión porque muestra lo que se diría «la historia de un alma». Pasado y presente se juntan en un tiempo puro, sin historias sucesivas, un tiempo de vida. El monólogo substituye con sus matices a la situación novelada.

La condena trata de dos seres que participan de un hundimiento frecuente en una cultura cifrada por el autoritarismo. La guía es el dolor de vivir una relación imposible. Los juegos de la razón se entremezclan a la habilidad del dominio de un hombre mayor —el Padre y su Ley— que, en su delirio nacionalista, traslada inconscientemente a la intimidad una violencia ancestral que despierta el impulso del despertar de Ella, una mujer que renuncia al amor a cambio de la experiencia de inquirir lo desconocido.

Cuando contemplas lo posmoderno, escribes: «Un estado donde ya no importan el pasado ni el futuro». En la literatura mexicana, existe una contradicción entre tener conciencia de la historia y el lamento de no tener conciencia de ella. ¿Qué piensas de eso?

Nunca me he percatado de eso. Creo que somos lo que fuimos, aunque una de las características mexicanas es la falta de identidad. Después de Samuel Ramos, lo examinó Paz en El laberinto de la soledad y, sin continuidad, sus premisas siguen vigentes, a pesar de haber publicado el ensayo en 1950. Acudir a la historia significa desentrañar los momentos en que ha sido más dramático el empleo de la máscara. ¿En qué circunstancia el mexicano huye de sí mismo hasta perderse y decir: «No existo»? Descreo de las historias lineales, las que, a modo de arco, te conducen a la otra orilla. Nuestra natural turbulencia, sembrada de recursos barrocos, está sembrada de olvidos, omisiones y un profundo desaliento que contribuyen a fantasear el porvenir inmediato. ¿Es eso posmoderno? En realidad, una actitud así no sólo no «ve» ni nombra hacia delante, sino que borra el atrás para hacer más soportable el presente. No es mi caso. Más bien reacciono ante el estado de flotación, de oscuridad y pasmo doliente que, distintivo del mexicano, permite vivir al día.

Creo con los griegos que la historia es la profecía del revés. Nuestras esperanzas —si algunas— prefiguran la profecía hacia delante. Ignoramos tanto el atrás como el porvenir, pero ambos nos sostienen.

A veces, cuando te refieres a nuestra época, dices que falta esperanza y piedad. Eso me hace pensar que eres una autora nostálgica.

No lo sé. Más que la piedad, me interesa la compasión. En términos cristianos, la piedad implica ceder una parte de ti en función de la debilidad del otro. Entraña una certeza de superioridad que, consciente de la propia fortaleza, conduce a tutelar o cobijar a quien supones más débil. La compasión, a la manera budista, implica en cambio una actitud tan sabia como responsable. Es el único sentimiento desprendido de la aceptación de la propia verdad, del padecer con el otro desde tu propia limitación. Compadeciendo y compadeciéndote asumes tu individualidad desde el enfrentamiento radical con lo contingente. No hay dios ni ilusiones que te amparen. Por lo difícil que resulta lograrlo, ser compasivo es por tanto un estado superior del espíritu, inseparable de su complementaria bondad. Eres tú y tus atributos en ti mismo y espejeado en los demás. De ahí mi admiración por el Dalai Lama y su aleccionadora capacidad de perdonar.

La ciencia ha prescindo del poder superior para entronizarse, ella misma, como guía, conductora y determinante del rumbo de la vida y la muerte... De ahí mi certeza de que, de no atinar con un nuevo humanismo, la humanidad estará condenada a su propia extinción.

Es notoria tu admiración por Octavio Paz; también por Reyes en tus ensayos. Como ellos, te interesa la dualidad y las máscaras. ¿Viene de Paz?

No, pertenece a la cultura mexicana.

La idea de las máscaras, en particular, la repites mucho.

Está en mi cultura, que es también la de Paz, la de Reyes. Corresponde a las fuentes primordiales. Reconozco a Octavio, pero no desciendo de él ni de Reyes, sino de una misma dualidad, del signo de la serpiente y de las máscaras que aprendes a mirar desde el vientre materno. Antes de dar tus primeros pasos aquí presientes el reptar de la culebra emblemática. Es la esencia, el libro detrás del libro del mexicano. Lo demás son consecuencias y vasos comunicantes.

Mi última pregunta sería acerca del proceso de escribir comentarios y ensayos políticos. Los ensayos de los ochenta acerca de Reagan y la Unión Soviética se envejecen tan rápido. No sé si tienes esa sensación al escribir periodismo, un ejercicio que mañana va a parecer un poco...

Demodé, extemporáneo. Por supuesto. Sobre todo cuando dependiente de las noticias del día. Llegué al periodismo por accidente, cuando, a propósito del temblor de 1985, me pidieron un artículo. Escribí «Entre ruinas». Le gustó al director del periódico y pidió otro, otro, hasta convertirse en ejercicio semanal y vigente. De la sección cultural salté a la página editorial y de allí a la primera plana, donde, entonces, sólo accedían escritores privilegiados al «espacio del director». Ninguna otra escritora había logrado semejante «hazaña» en la historia del periodismo mexicano y me empeñé en enriquecer la colaboración convirtiéndola en ensayos destinados al gran público. El periodismo amplía las posibilidades de la reflexión y el lenguaje, cuando se cultiva con pasión equivalente a otras expresiones de la palabra. Imprescindible en nuestro tiempo, casi no hay novelista que no aprecie sus bondades: García Márquez, Fuentes, Vargas Llosa, Tabucchi, Sábato. Gozamos actualmente de tantas oportunidades a favor de la palabra que ya es casi imposible deslindar los límites de cada género. Así que el periodismo ha conquistado, por derecho, un sitio en las letras: es la última expresión de su riqueza verbal, la más coincidente con el carácter de la época. Crónica, reportajes, análisis, todo puede conducir a la literatura. No es el medio en sí, sino la mano y el talento de quien escribe lo que determina la calidad de lo que, a la larga, completa la obra de cada autor.

Además de incorporar el mundo de las letras a la primera plana, me propuse pensar mi circunstancia con el auxilio de la historia de la cultura. Algo ha servido el esfuerzo, no sólo para depurar mi estilo, sino para ampliar la curiosidad intelectual de los lectores. Al igual que la radio, la prensa diaria ejerce una gran influencia en la opinión pública. La mayoría teme aún la presencia del libro. Así que, en medios como éste, hay que llevar la palabra al otro. Esta palabra hermosa, la palabra bella, que por bella es terrible y propia del arte de las letras. Todo ángel es terrible...

OBRAS DE MARTHA ROBLES

POESÍA

Inscripción de su presencia. México D. F.: Robles Hnos. y Asoc., 1985.
El signo. México D. F.: México D. F.: Robles Hnos. y Asoc., 1987.
Deslumbramientos. México D. F.: Tiempo Extra Editores, 1992.
Nostalgia de Odiseo. México D. F.: Bibliofilia Mexicana, 1996.

NOVELA

Memorias de la libertad. México D. F.: Cía, 1979.
Los octubres del otoño. México D. F.: Océano, 1982.
La condena. México D. F.: FCE, 1996.
Biografías clandestinas. México D. F.: FCE, 1996.
La ley del padre. México D. F.: FCE, 1998.

ENSAYO

Educación y sociedad en la historia de México. México D. F.: Siglo XXI, 1977.
La sombra fugitiva: Escritoras en la cultura nacional. Volúmenes 1 y 2. México D. F.: UNAM, 1985.
Tebas. México D. F.: Robles Hnos. y Asoc., 1986.
Círculos del tiempo. México D. F.: Instituto de Investigaciones Filológicas, Coordinación de Difusión Cultural, UNAM, 1988.
Entre el poder y las letras: Vasconcelos en sus memorias. México D. F.: FCE, 1989.
Primeros papeles. Puebla: s. n., 1989.
Espiral de voces. México D. F.: Coordinación de Difusión Cultural, Dirección de Literatura, UNAM, 1993.
La poesía de Margarita Michelena. Toluca: Grupo IMER, 1993.
La metáfora del poder. México D. F.: Miguel Ángel Porrúa, Sede México, 1993.
Robles, Martha, Patricia Ruiz y Gregorio Ortega. *Cecilia Soto: El poder de la nueva fuerza política.* México D. F.: Planeta, 1994.
Memoria de la antigüedad. México D. F.: CONACULTA, 1994.
Nosotras y el sistema. México D. F.: Planeta, 1995.
Mujeres, mitos y diosas. México D. F.: CONACULTA: FCE, 1996.
Los pasos del héroe. México D. F.: FCE, 1998.

Carlota, el fulgor de los cetros. México D. F.: Clío, 1999.
Mujeres del siglo xx. México D. F.: FCE, 2002.

EDICIONES DE LIBROS

García Cantú, Gastón y Martha Robles. *Idea de México: Antología*. Puebla: Gobierno del Estado de Puebla, Secretaría de Cultura, 1988.

Valencia, Tita y Martha Robles. *Minotauromaquia: Crónica de un desencuentro*. México D. F.: CONACULTA, 1999.